BELONGS TO

____

____

Assorted Words 1

```
R  Y  L  B  A  V  I  E  C  N  O  C  N  I  X
M  Y  T  I  R  U  C  E  S  N  I  C  E  D  F
A  A  S  C  M  C  U  E  R  O  T  I  C  A  P
N  A  D  D  D  U  U  D  S  Y  L  P  H  S  O
F  Q  W  E  T  E  T  I  T  E  P  P  A  C  S
U  H  E  F  T  D  R  A  C  C  S  J  U  O  T
L  G  L  V  A  A  E  U  R  N  A  I  W  M  P
L  I  L  U  I  R  G  G  T  R  O  C  R  R  O
Y  N  E  X  P  D  R  E  A  P  E  T  D  A  N
H  G  R  F  N  H  N  O  R  M  A  F  W  D  E
C  H  S  B  G  I  U  E  W  G  A  C  F  E  D
G  A  H  O  L  D  I  N  G  S  E  D  P  S  N
T  M  F  X  E  C  H  E  L  O  N  S  C  W  B
G  T  T  L  D  L  H  O  L  D  O  V  E  R  S
T  U  M  W  Q  E  L  A  C  S  N  W  O  D  L
```

APPETITE	ECHELONS	INCONCEIVABLY
ARISES	ENDIVE	INSECURITY
CAPTURED	EROTICA	MANFULLY
COMRADES	ERRATUM	NEWTON
DAMAGED	FARROWS	POSTPONED
DESEGREGATED	GINGHAM	SYLPHS
DOWNSCALE	HOLDINGS	
DWELLERS	HOLDOVERS	

Assorted Words 2

```
E  A  S  N  A  I  L  A  N  A  H  C  C  A  B
S  D  R  E  J  S  O  E  H  A  S  S  Y  J  L
P  P  I  M  T  S  K  B  V  C  M  Y  U  W  Z
B  U  N  S  A  A  E  E  D  I  R  T  A  R  G
B  B  M  D  M  N  N  R  E  L  T  A  A  T  C
P  L  W  E  E  I  N  I  E  L  I  A  E  O  S
R  I  J  P  D  O  S  E  M  F  S  E  T  S  B
O  C  P  A  G  U  E  S  Q  O  R  R  G  E  X
T  I  I  R  Z  N  T  D  A  U  B  E  R  E  P
R  S  T  T  V  Z  I  I  I  L  I  A  T  T  S
A  T  C  U  G  U  Y  H  T  V  W  N  S  N  N
C  S  H  R  X  Q  Q  Y  S  L  E  G  S  I  I
T  R  M  E  D  M  V  P  M  U  A  X  J  G  W
E  D  A  S  T  N  A  I  R  A  R  B  I  L  G
D  G  N  I  K  C  E  P  N  E  H  B  C  L  J
```

ABOMINATES	DISMISSAL	PITCHMAN
ALTITUDE	HENPECKING	PROTRACTED
BACCHANALIANS	INTERFERES	PUBLICISTS
BOATMAN	JAZZY	SEARCH
BRUSHING	LEVITATE	SLEEKS
CRUSH	LIBRARIAN	STAYS
DAUBER	LIEGES	VIDEOED
DEPARTURES	MANNEQUINS	

Assorted Words 3

```
M  O  T  P  M  Y  S  C  A  R  D  I  A  C  H
G  N  G  P  F  H  L  X  O  N  V  W  S  X  Y
H  C  N  P  R  X  E  B  A  C  E  A  N  B  L
Y  M  T  N  L  O  D  A  A  Y  K  P  A  G  U
P  F  E  S  J  A  C  E  D  I  T  P  K  I  O
L  B  I  S  E  C  N  E  D  I  C  N  I  O  C
E  P  R  L  A  L  H  O  S  A  E  O  E  T  T
N  R  E  H  P  R  A  C  G  S  S  S  S  W  O
T  U  F  C  E  M  E  M  O  A  E  U  T  Z  P
I  D  R  E  Y  L  I  M  S  O  T  S  R  D  U
F  E  E  A  Q  J  O  S  L  I  M  N  D  C  S
U  N  S  R  P  H  A  T  R  E  D  S  E  Y  E
L  C  H  E  K  I  R  T  S  E  W  J  K  P  S
L  E  E  U  D  E  H  G  I  S  V  K  V  P  K
Y  L  S  I  N  G  U  L  A  R  D  O  Q  X  Q
```

CARDIAC	HELOT	SIGHED
COCKPIT	OCTOPUSES	SINGULAR
COINCIDENCES	OVERSIMPLIFY	SMOOCH
CRUSADED	PENTAGONAL	SNAKIEST
DISMALEST	PLENTIFULLY	SOCIABLY
ERASE	PROCESSES	STRIKE
HATREDS	PRUDENCE	SYMPTOM
HEADIEST	REFRESHES	

Assorted Words 4

```
S  O  W  G  M  U  D  S  L  I  N  G  E  R  S
F  V  Q  K  Y  B  U  S  H  I  N  E  S  S  F
S  E  I  N  O  L  E  F  S  O  A  Y  W  X  P
W  R  L  L  C  O  E  G  E  T  B  X  R  V  S
T  A  H  C  I  O  X  T  R  M  I  O  V  J  H
C  G  F  C  D  D  C  B  U  A  C  G  I  I  I
A  E  M  E  E  L  A  H  U  L  N  U  M  N  N
N  S  R  E  P  E  E  W  S  R  O  T  C  A  G
T  M  S  E  S  S  L  Y  E  A  B  S  I  W  L
I  B  V  H  I  S  P  Z  M  U  M  L  B  Z  I
C  H  A  L  L  E  N  G  I  N  G  S  E  A  N
L  M  N  I  X  W  D  I  V  E  R  G  E  D  G
E  C  E  K  Y  M  E  A  D  O  W  L  A  R  K
S  Y  T  I  N  A  M  U  H  N  I  D  F  A  H
D  I  T  G  U  H  I  G  H  L  A  N  D  X  X
```

ABSOLUTELY	FELONIES	OVERAGES
ACTORS	GRANT	SHINGLING
BLOODLESS	HIGHLAND	SMASH
BURBLED	HOBOING	STIGMA
BUSHINESS	INHUMANITY	SWEEPER
CANTICLES	LEECH	
CHALLENGING	MEADOWLARK	
DIVERGED	MUDSLINGER	

Assorted Words 5

```
X  Z  D  D  I  T  E  R  A  T  I  O  N  Z  P
Y  L  T  N  E  L  O  S  N  I  E  L  A  S  A
E  S  Q  S  L  S  I  L  K  C  E  N  D  E  R
T  R  E  I  G  N  I  T  A  O  H  C  N  I  E
D  N  U  L  N  U  S  H  D  W  B  Y  L  Z  N
G  E  S  T  A  D  L  S  C  B  Q  I  T  U  T
P  O  T  V  A  H  E  S  D  N  X  G  Q  R  H
H  N  T  C  M  N  W  E  S  N  A  P  X  E  E
O  B  U  X  O  M  E  R  D  R  A  R  K  J  S
T  X  R  H  I  C  S  D  B  S  A  S  F  Q  I
O  C  J  E  F  S  N  O  T  U  F  T  Q  N  Z
N  W  C  I  A  S  R  O  S  I  V  I  D  H  E
S  W  C  E  Y  T  T  A  C  W  G  V  V  M  D
K  E  Z  S  Z  C  H  O  P  P  I  E  S  T  F
T  A  U  A  V  A  V  E  R  R  I  N  G  A  K
```

AVERRING	EXPANSE	REDNECK
BREATHE	FUTON	SANDS
BUXOMER	INCHOATING	SEIZURE
CHOPPIEST	INDEEDS	SLUGS
CONCOCTED	INSOLENTLY	WHALE
DENATURE	ITERATION	
DIVISORS	PARENTHESIZED	
ENFRANCHISED	PHOTONS	

Assorted Words 6

```
I  S  S  S  H  A  Y  L  L  U  F  Y  O  J  F
N  D  Q  E  K  C  M  L  O  V  I  N  G  S  I
T  E  R  U  T  C  N  U  P  U  C  A  J  I  R
E  R  T  U  N  A  A  I  S  X  X  M  D  G  E
R  I  K  A  S  O  L  B  F  E  N  K  X  H  S
R  S  P  E  D  E  I  U  H  S  M  T  D  E  T
A  I  F  X  L  O  T  T  C  C  X  E  X  D  O
C  V  E  N  M  B  M  T  A  R  N  S  N  G  R
I  E  A  A  E  R  I  M  E  C  I  U  N  T  M
A  M  T  H  J  O  I  G  O  K  I  C  H  G  S
L  U  U  P  O  L  E  M  I  C  S  L  C  R  S
C  K  R  E  I  L  B  M  U  R  C  I  P  O  D
U  D  E  L  B  B  I  N  S  F  I  A  D  U  E
W  N  D  G  L  F  R  I  Z  Z  E  D  L  T  D
R  E  L  E  C  T  R  I  C  I  T  Y  X  H  T
```

ACCOMMODATE	DUPLICATION	JOYFULLY
ACUPUNCTURE	ELECTRICITY	LOVINGS
AMUSEMENTS	FEATURED	NIBBLED
CIRCULATES	FINCH	POLEMICS
CRUMBLIER	FIRESTORMS	SIGHED
DERISIVE	FRIZZED	
DIRIGIBLE	HUNCHBACKS	
DISKETTES	INTERRACIAL	

Assorted Words 7

```
W  G  P  C  V  G  N  I  T  S  I  O  H  D  J
S  S  I  J  C  R  U  D  E  N  E  S  S  C  G
N  E  B  C  O  L  T  I  S  H  A  W  K  S  U
D  P  C  V  A  L  N  U  C  E  A  I  C  Q  E
O  O  P  N  T  B  N  Q  R  I  O  O  F  O  E
I  S  W  A  E  U  Y  F  U  O  V  V  T  E  V
N  T  L  E  D  I  S  S  M  A  C  P  L  Y  D
S  E  S  A  L  E  D  W  M  Y  C  N  V  A  L
T  D  N  V  N  L  G  E  Y  A  L  K  A  T  S
A  X  A  R  V  G  I  N  B  E  L  U  B  R  O
N  M  C  R  R  T  Y  N  A  O  D  L  X  L  F
C  Y  K  S  O  G  T  Z  G  H  S  F  Y  Z  P
I  O  I  W  S  E  D  A  U  S  S  I  D  V  T
N  U  N  I  T  Y  S  E  V  R  A  W  D  Y  M
G  O  G  X  S  L  A  U  X  E  S  O  M  O  H
```

ABYSMALLY	DOWELLING	RANCOR
COATED	DWARVES	SALVOES
COLTISH	HANGED	SLANGY
CRUDENESS	HOISTING	SNACKING
CRUMMY	HOMOSEXUALS	UNITY
DEFIANT	INSTANCING	
DISOBEDIENCE	POSTED	
DISSUADES	QUACK	

Assorted Words 8

```
O  F  M  I  D  P  B  S  Y  E  K  S  S  A  P
G  O  T  E  S  E  I  F  I  T  C  U  R  F  C
R  W  H  A  S  O  R  H  S  E  R  V  A  N  T
E  P  L  E  F  H  P  A  S  E  I  F  F  I  J
S  S  M  U  D  G  E  S  N  D  H  A  Y  T  P
S  E  T  A  L  U  T  A  R  G  N  O  C  N  T
A  L  I  N  L  J  S  E  D  Z  E  E  R  H  F
L  I  U  C  V  C  M  U  Z  F  P  S  I  B  K
T  C  N  Q  N  Z  G  G  N  I  R  O  M  R  A
P  E  S  G  D  E  O  D  O  R  I  Z  E  D  F
E  N  Y  N  D  E  C  O  M  P  O  S  I  N  G
T  S  G  Y  R  A  T  E  D  T  C  M  N  C  D
R  E  U  S  H  E  R  E  D  V  E  S  S  E  L
E  E  M  O  S  N  E  D  R  U  B  E  G  I  S
U  S  Y  Y  W  N  O  I  S  R  U  C  N  I  G
```

ARMORING	FRIENDSHIP	PASSKEYS
BURDENSOME	FRUCTIFIES	SALTPETRE
CLAMP	GISMO	SERVANT
CONGRATULATES	GYRATED	SMUDGES
DECENCIES	INCURSION	USHERED
DECOMPOSING	JIFFIES	VESSEL
DEODORIZED	LICENSEES	
DERANGES	OGRES	

Assorted Words 9

X U F I N I S H E S N A D A S
W M K S B O E F I W E S U O H
I U C W I Z I M I N U T E S T
N N K W T S I T A H V U K S J
T T O E B T I C A N G L D B S
E H S I F Y A R C M E U A M S
N S X E N U Y W C D A R O E A
T Y A R N Y L L U F E L O D P
I C R R O W Y E D M A K C F V
O D N A E T O D C E N A C E R
N D K A N M H R F T R E U A D
A M L X B E I G B K F U I T J
L W G Y E O L H I E V I T O V
L R F A A A B P C N U A A U U
Y G S D N A L S I W K U N Y S

ANECDOTE	FINISHES	NABOBS
BROWNEST	FORENAME	PLENARY
CHIMERAS	HOUSEWIFE	SUTURED
CRAYFISH	INTENTIONALLY	VOTIVE
CRISIS	ISLANDS	
DECLAMATION	JACKED	
DOLEFULLY	KNIGHT	
DOUGH	MINUTEST	

Assorted Words 10

```
H  G  B  I  B  L  Y  C  S  L  E  S  N  I  T
O  E  N  F  Y  S  N  O  G  A  R  A  P  N  J
Q  R  L  I  C  L  O  N  J  Q  K  E  R  F  I
U  X  E  L  P  A  R  D  U  L  Q  H  U  E  N
V  Y  O  V  H  P  L  U  Z  H  D  G  B  C  S
W  I  U  A  I  O  O  I  C  L  U  G  B  T  T
S  P  M  K  A  A  L  T  L  X  V  X  E  I  I
D  E  P  P  I  H  W  E  S  R  O  H  R  O  G
B  A  L  I  E  D  S  Y  R  K  Q  A  I  U  A
F  M  H  G  Z  N  L  B  E  O  C  H  E  S  T
S  F  M  I  N  C  I  I  M  L  A  A  R  L  I
R  A  B  I  J  I  L  T  N  O  L  S  B  Y  N
R  Y  R  S  E  G  T  Z  E  G  T  O  T  X  G
G  A  A  U  A  Y  L  L  A  N  O  S  R  E  P
K  S  E  T  A  R  I  P  S  A  T  M  T  T  D
```

ASPIRATES	IMPENITENT	RUBBERIER
AURAS	INFECTIOUSLY	TINGLES
BACKSTOPPING	INSTIGATING	TINSELS
CONDUIT	JIHAD	TOMBS
CURLY	LILAC	TROLLEY
HELLHOLE	PARAGONS	WAIVER
HORSEWHIPPED	PERSONALLY	
IDLING	ROASTED	

Assorted Words 11

```
T  Y  Y  A  B  S  I  N  T  E  R  F  E  R  E
M  P  L  C  R  Y  L  B  A  T  A  E  P  E  R
J  D  X  L  O  B  L  I  T  E  R  A  T  E  F
B  E  D  R  A  G  G  L  I  N  G  U  E  J  R
R  R  W  W  D  C  O  R  U  M  B  L  E  D  E
I  I  S  S  N  E  I  C  I  R  P  U  L  E  Q
N  S  S  E  E  A  T  R  C  Z  K  I  G  J  U
T  I  L  A  S  I  R  A  O  U  Z  E  S  I  E
E  O  D  A  S  O  R  C  L  G  P  L  D  H  N
R  N  K  G  G  Z  O  E  I  A  E  Y  Y  U  T
V  W  A  L  K  E  D  M  H  S  C  T  I  P  I
I  A  N  I  A  X  R  F  A  S  S  A  N  N
E  M  D  E  G  N  U  L  P  V  I  U  E  C  G
W  A  E  C  I  E  L  C  U  N  S  F  S  E  T
S  S  R  E  T  E  M  O  N  A  V  L  A  G  D
```

BEDRAGGLING	GRIZZLY	PLUNGED
BROADNESS	IMPISH	REGALS
CATEGORICALLY	INTERFERE	REPEATABLY
DEESCALATED	INTERVIEWS	RUMBLED
DERISION	NARCISSUS	VAMOOSES
FISHERIES	NUCLEIC	WALKED
FREQUENTING	OBLITERATE	
GALVANOMETERS	OCCUPYING	

Assorted Words 12

```
V Q F G S Z P O P U L A C E H
M I Z V N E Y C H S N S L P E
P U T T U I A F R E I D E E R
E P F A C G R R F F A L G R O
T R O F L S S U E U F Z K M E
T O R W I S E C J D L U I U B
I L E E D N E S A N M F B T A
F I C L D F G I O L O G F E J
O X L Z A N B A R R A C K S R
G I O M T N E G R U U W P D T
G T S V E D I C U L B E A I B
E Y I M W O W G S G P L N G P
R X N V A D O X I E U Y F T S
W T G N I R A O R R D S U P J
A Y E R R E T R A P O D Z P D
```

BARRACKS
BURIES
CONJURING
DESCENDER
FLUFFY
FORECLOSING
LUCID
MUFFING

NEUROSES
ORIGINAL
PARTERRE
PERMUTES
PETTIFOGGER
POPULACE
PROLIXITY
REBUFF

REEDIER
ROARING
SCALAWAGS
SEARED
URGENT
VITALS

Assorted Words 13

```
C  W  G  C  P  R  O  S  P  E  C  T  U  S  R
G  O  V  N  U  A  N  C  E  T  B  S  E  T  A
R  Y  I  G  I  O  Y  D  L  N  V  A  H  Q  C
A  E  N  N  N  L  S  R  L  L  A  R  N  M  Q
F  V  P  N  C  I  A  T  O  O  I  P  C  M  U
F  U  Y  P  E  I  R  D  E  T  S  R  Y  G  E
L  S  R  Y  U  K  D  E  E  N  C  E  H  U  T
U  A  N  T  R  C  I  E  E  P  S  A  R  S  I
E  K  S  O  I  E  H  B  N  N  K  I  F  M  N
N  M  I  A  I  V  L  U  R  T  A  C  B  L  G
C  I  C  I  G  T  E  I  M  O  A  C  A  L  O
E  A  V  U  F  N  P  M  S  M  T  L  C  B  Y
S  R  I  A  T  S  A  U  D  S  Y  O  Y  U  J
W  H  U  N  G  O  V  E  R  S  I  N  M  F  B
R  B  Y  P  M  I  A  L  C  E  D  M  B  I  V
```

AFFLUENCE	HUNGOVER	PROSPECTUS
BACKPEDALING	LASAGNA	RACQUETING
BUCCANEERING	MISSILERY	RESOLD
CHUMMY	MOTORBIKE	SHRILL
COINCIDENTAL	NUANCE	STAIRS
DECLAIM	OLFACTORY	UPPER
ERUPTIONS	OSTENSIBLY	
FURTIVE	PANES	

Assorted Words 14

```
G L Q R H S T E G D I F L I H
C O G E H A L L M A R K I N G
G O V N A N E D O O W G C T F
A S M B I R O X N E Z T P R S
R E B E Y N T O S E G U Z I S
R N S L R E E H R N W P U C A
U E Z L M S R V Q A I S G A B
L D B I L E E E A U C P M T L
O I O G W I X P I R A A U E I
U S U E K C P O A L T K M L N
S X T R H N N S R R D N E Y G
N A E E L K C U H C G O O M M
E A R N S N O I L L I T O C A
S V S C S Y P U P I L S F G V
S E M Y P A R T I C L E T R Q
```

BELLIGERENCY	GARRULOUSNESS	NEWSMEN
CHUCKLE	GOODLIER	OUTERS
COMERS	GRAPES	PARTICLE
CONTRAVENING	HALLMARKING	PUPILS
COTILLIONS	INTRICATELY	SABLING
EARTHQUAKE	LOOSENED	SPILLS
EXORCIST	LUPINS	WOODEN
FIDGETS	MACAROON	

Assorted Words 15

```
I  R  R  E  S  P  O  N  S  I  B  L  Y  S  K
R  S  A  J  W  O  N  N  I  M  T  P  U  M  I
E  K  E  R  S  M  R  O  F  E  F  I  L  J  Z
S  C  Y  H  T  A  E  R  B  I  X  O  H  P  O
T  N  O  L  C  I  R  V  N  D  E  M  U  L  P
F  D  G  U  B  T  S  R  E  I  R  U  O  C  G
U  U  I  N  N  M  I  T  C  C  Y  U  M  A  U
L  O  I  B  I  T  O  L  I  S  Q  O  E  T  N
N  I  B  P  B  L  R  C  G  C  R  A  V  E  N
E  B  E  R  G  L  T  Y  S  P  A  U  H  N  K
S  J  J  A  S  I  I  S  S  K  U  L  M  O  E
S  A  M  L  Q  X  N  N  O  I  C  K  L  E  K
U  M  H  U  G  G  I  N  G  J  D  O  J  Y  L
R  E  P  U  D  I  A  T  E  K  Y  E  C  R  S
T  E  N  D  E  R  I  Z  E  D  N  R  S  Y  T
```

ARTISTICALLY	GINNED	MINNOW
BREATHY	GLITCHES	PLUMED
COCKSCOMB	GREBE	REPUDIATE
COUNTRYSIDES	HUGGING	RESTFULNESS
COURIERS	IRRESPONSIBLY	TENDERIZED
CRAVEN	JOSTLING	
DIBBLING	LEMURS	
ENVOY	LIFEFORMS	

Assorted Words 16

```
L  M  E  V  E  V  I  S  O  R  E  O  I  B  V
W  G  Q  L  N  K  Z  R  A  C  K  E  D  A  I
R  G  D  E  B  O  L  D  Q  V  X  P  K  B  V
E  A  N  S  L  A  D  L  E  Z  A  O  F  Y  I
L  G  T  I  E  D  N  E  M  P  U  S  V  S  D
I  A  N  A  K  T  E  I  S  F  U  T  S  T  E
S  P  W  I  M  C  A  T  A  S  O  O  A  A  R
H  V  X  S  T  O  A  N  N  T  A  R  S  N  C
E  O  C  V  U  N  C  R  I  E  R  R  C  D  G
S  O  M  Q  X  I  U  R  T  M  T  E  B  E  Q
X  D  F  D  O  Y  T  H  A  K  I  N  C  R  D
S  T  U  O  T  U  H  S  S  S  C  R  O  S  X
D  N  A  L  R  E  T  N  I  H  L  A  C  C  A
B  Z  A  F  L  U  M  M  O  X  E  S  B  N  T
S  H  E  M  O  S  R  U  O  F  U  U  C  Q  I
```

ARTICLE	FLUMMOXES	RELISHES
ASCERTAINABLE	FORCED	SARCOMATA
BACKTRACKING	FOURSOME	SHUNTING
BRASSED	HINTERLAND	SHUTOUTS
BYSTANDERS	INCRIMINATES	SOUPED
CASSAVAS	LAWSUITS	VIVIDER
CONTENTED	LOBED	
EROSIVE	RACKED	

Assorted Words 17

```
S  P  A  S  M  S  T  S  E  I  P  O  O  L  G
B  D  M  Q  S  G  N  I  D  I  S  F  V  O  C
A  D  E  D  U  C  I  N  G  T  N  Q  V  L  L
V  F  G  N  E  S  E  D  I  C  I  B  R  E  H
T  A  N  I  E  M  W  C  G  J  Z  U  B  A  A
S  S  P  E  W  T  O  K  P  N  S  L  I  N  G
Z  I  E  P  G  F  R  T  T  I  I  K  S  D  G
N  U  T  D  R  O  B  A  S  E  L  Y  B  E  A
P  O  C  I  L  A  C  E  E  U  C  I  S  R  R
Q  E  F  A  R  O  I  Y  M  H  C  N  C  U  D
N  P  N  F  L  T  C  S  L  P  S  C  A  L  B
F  R  Y  D  I  L  S  Q  E  G  A  I  A  L  G
N  S  L  A  E  H  W  A  K  S  M  T  D  R  K
H  X  U  H  G  N  C  S  G  F  W  T  H  V  T
Q  B  R  Y  L  E  T  A  R  A  P  E  S  Y  G
```

ACCUSTOMED	DEDUCING	LOOPIEST
APPRAISES	DISHEARTENED	OLEANDER
BASELY	EMPATHY	PENDENT
BULKY	GASTRITIS	SEPARATELY
BUSYING	GLYCOGEN	SIDINGS
CALICO	HAGGARD	SPASMS
CHIFFON	HERBICIDES	WHEALS
COLDEST	LANCET	

Assorted Words 18

```
E D Z J P T G T N E M A M R A
C T M P R R O R P H A N S P S
E W I G R I E V O U S S G N Y
P N Q R N K O H H O O R S A P
I N C C Y A S W P B V V E M H
L G A L A P M X R A K E D E O
O R A L Q P Y E J A R V D S N
G S R E E D A L L A B G K A E
U J R S N O B B I E R E O K D
I X Q V H C N I L C S S D E W
N O I S U F N I N Y P S F S G
G F R I G H T S N O N N A C I
G L H P P S N A I C I T E I D
Y R E C A R T N E M S E N I L
I N T R I N S I C M S X W M B
```

ARMAMENT	FRIGHTS	NAMESAKES
BALLADEERS	GEOGRAPHER	ORPHANS
CANNONS	GRIEVOUS	PYRITE
CAPABLY	GROOVED	SNOBBIER
CLINCH	INFUSION	SYPHONED
DEBAR	INTRINSIC	TRACERY
DIETICIANS	LINESMEN	
EPILOGUING	NAMELESS	

Assorted Words 19

```
X  G  P  O  L  I  T  I  C  O  P  K  F  R  N
R  H  N  Y  L  L  U  F  T  H  G  I  L  E  D
S  E  X  I  X  K  S  E  K  U  P  W  E  R  Y
X  E  T  L  H  Q  A  E  H  C  X  S  O  O  R
E  A  T  S  R  G  L  W  D  C  A  D  D  U  G
L  L  V  A  A  E  I  R  Z  A  O  W  E  T  R
T  F  C  I  B  M  I  E  O  B  K  L  H  E  Q
P  L  J  A  A  A  K  T  V  I  V  C  C  T  P
L  A  U  F  R  T  Y  S  T  N  R  L  O  R  R
A  W  J  B  L  I  R  D  A  E  I  E  C  C  O
N  L  Z  P  E  G  M  I  O  T  R  A  T  J  T
T  E  N  T  A  C  L  E  X  S  M  P  D  N  E
E  S  C  W  S  E  E  S  N  E  C  I  L  Y  A
R  S  R  N  V  G  R  O  T  E  S  Q  U  E  N
S  G  O  R  T  H  O  G  R  A  P  H  I  E  S
```

ABATE	GROTESQUE	PROTEANS
ANTERIOR	INVEIGHING	REROUTE
AVIATRIXES	LICENSEES	TASKMASTER
CABINETS	MIRACLE	TENTACLE
CLOCHE	ORTHOGRAPHIES	THWACK
COCKADES	PLANTERS	
DELIGHTFULLY	POLITICO	
FLAWLESS	PRETTIER	

Assorted Words 20

```
G  N  I  G  I  L  B  O  S  I  D  I  P  L  E
D  C  P  H  D  E  V  I  E  C  N  O  C  D  N
L  O  N  G  Z  B  D  E  D  R  A  G  E  R  T
S  Y  M  M  A  R  K  C  U  B  S  M  S  W  A
C  R  T  S  N  O  I  T  C  E  L  F  N  I  N
S  O  E  L  S  K  Y  L  P  E  E  T  S  T  G
X  L  N  K  G  E  S  L  M  G  Z  P  I  P  L
B  I  E  S  C  N  N  L  A  N  G  U  A  G  E
R  V  O  M  U  A  I  I  E  V  T  F  O  Z  M
C  E  S  U  U  L  H  T  L  B  R  P  J  C  E
D  L  V  H  U  S  T  W  C  T  A  A  D  R  N
F  O  G  O  T  H  E  A  H  I  R  L  L  W  T
S  N  N  T  Y  Y  Y  R  N  S  D  U  E  C  P
W  G  M  F  V  A  M  C  G  C  U  D  O  R  M
S  P  G  N  I  L  L  A  I  D  Y  B  A  C  F
```

ADDICTING

BROKEN

BUCKRAM

BUSHWHACKERS

CONCEIVED

CONSULTANCY

COURTLINESS

DIALLING

DISOBLIGING

ENTANGLEMENT

INFLECTIONS

LANGUAGE

LARVAL

LAYOVER

LIVELONG

MYTHS

REGARDED

RELABELS

RESUME

STEEPLY

Assorted Words 21

```
Z  M  Z  L  D  W  F  H  I  G  H  E  S  T  R
G  M  R  C  O  V  E  R  H  E  A  R  D  Y  B
X  I  H  O  R  S  E  P  L  A  Y  R  K  D  U
W  H  E  N  O  S  O  S  I  V  O  R  P  E  G
M  E  N  T  O  M  B  I  N  G  P  L  D  A  L
U  F  R  I  L  L  I  E  S  T  D  S  E  L  E
R  D  E  N  O  M  I  N  A  T  I  N  G  E  R
D  L  N  E  Z  W  W  P  Y  S  Z  K  E  R  E
E  P  A  N  Q  S  A  N  O  R  A  K  S  S  J
R  N  I  T  C  O  M  F  I  E  R  C  B  H  O
O  J  F  A  C  K  S  T  E  P  P  E  S  I  I
U  D  E  L  I  A  N  B  O  H  F  T  H  P  N
S  D  I  S  B  U  R  S  E  M  E  N  T  C  I
L  O  K  X  X  V  V  F  E  R  I  Y  Y  L  N
Y  J  T  W  G  R  E  E  D  I  E  S  T  Q  G
```

ANORAKS	ENTOMBING	OVERHEARD
BUGLE	FRACTAL	PROVISOS
CHERRY	FRILLIEST	REJOINING
COMFIER	GREEDIEST	STEPPES
CONTINENTALS	HIGHEST	
DEALERSHIP	HOBNAILED	
DENOMINATING	HORSEPLAY	
DISBURSEMENT	MURDEROUSLY	

Assorted Words 22

```
G  Q  F  E  S  S  S  P  O  R  C  H  E  B  X  H
G  N  J  N  L  T  N  S  Y  S  N  E  E  T  Z
G  N  I  N  R  A  E  O  G  R  U  M  P  U  S
N  U  I  L  S  U  C  U  I  N  Y  Z  Y  E  V
Y  E  V  Y  I  E  T  I  Q  T  I  O  I  F  N
X  A  T  C  F  V  I  P  R  U  P  G  T  B  S
D  R  E  A  R  I  E  R  M  O  O  U  G  L  Q
S  R  A  T  R  P  T  R  E  O  T  B  R  U  F
X  E  R  D  T  A  O  R  J  N  R  A  Q  R  M
I  S  I  S  E  G  L  S  O  P  I  P  R  H  I
J  T  E  R  E  L  D  I  L  M  H  F  M  O  Z
J  S  S  M  O  I  I  P  H  S  A  L  E  I  Q
F  B  T  Q  X  M  L  O  H  X  D  O  U  R  U
D  T  R  T  J  H  R  L  T  N  E  G  A  E  R
I  Y  U  T  Q  Y  N  A  A  H  D  S  I  H  X
```

ALLIES	IMPROMPTU	REVILING
ARMORIES	IRRUPTIONS	RUMPUS
ARRESTS	MORTIFYING	TEARIEST
BOUQUETS	MUGGINGS	TEENSY
DREARIER	ORATORICAL	TOILED
EARNING	PORCH	
EXHILARATE	REAGENT	
HADED	REFINERIES	

Assorted Words 23

```
T  Q  U  A  D  Y  T  S  E  I  H  S  U  G  Z
S  Q  S  P  O  G  S  U  P  E  R  V  I  S  E
H  U  S  O  O  T  A  K  C  O  C  E  D  K  R
E  A  Y  L  D  S  R  E  O  D  L  I  V  E  T
D  D  E  O  L  P  A  K  M  V  U  R  N  I  L
D  R  L  G  E  S  T  A  Y  U  C  C  R  E  F
I  I  U  I  S  G  E  N  T  E  E  L  A  B  N
N  P  C  S  T  Q  S  C  O  R  O  N  E  T  S
G  L  I  T  U  Y  C  H  A  T  T  E  R  E  R
Y  E  D  S  T  O  P  N  M  P  B  I  Y  K  F
J  G  A  E  T  X  I  M  C  H  A  M  B  E  R
L  I  T  T  U  D  Q  X  I  V  N  R  X  W  M
Z  A  I  Y  M  S  G  U  N  W  D  O  A  O  K
U  W  N  G  F  A  F  F  R  A  Y  I  C  C  E
Z  W  G  E  C  N  E  R  E  G  I  L  L  E  B
```

AFFRAY	COCKATOOS	GUSHIEST
ANXIOUS	CORONETS	QUADRIPLEGIA
APOLOGISTS	DOODLES	SHEDDING
BANDY	DUCAT	SUPERVISE
BELLIGERENCE	ELUCIDATING	WIMPY
CARAPACES	EVILDOERS	
CHAMBER	FIVER	
CHATTERER	GENTEEL	

Assorted Words 24

```
A  C  Y  S  P  Y  S  S  P  U  F  F  E  D  U
G  A  S  D  E  Z  N  E  R  I  K  C  V  L  N
N  N  E  V  L  U  O  O  T  E  U  E  O  G  U
O  D  I  V  I  U  Q  C  H  A  L  B  Q  L  K
V  E  E  Y  G  Q  O  S  H  P  O  L  M  Y  M
E  L  M  T  T  P  F  W  E  M  O  H  U  O  I
R  A  E  Z  I  P  A  V  R  L  Y  C  C  P  N
S  B  S  C  R  K  M  U  R  W  R  X  A  N  C
P  R  S  L  N  Y  I  E  I  A  M  U  T  C  I
I  U  C  W  A  A  S  R  N  L  I  K  B  S  D
L  M  B  X  F  T  H  S  G  K  M  R  D  H  E
L  P  Y  D  G  E  O  C  O  S  I  I  Y  D  N
D  E  R  E  T  E  M  T  A  L  N  R  C  L  T
J  S  E  R  I  A  N  N  O  I  G  E  L  E  A
P  E  R  I  O  D  O  N  T  A  L  E  B  I  L
```

BURLESQUES	INCHOATES	PERIODONTAL
CACOPHONY	INCIDENTAL	PUFFED
CANDELABRUM	KITED	PULLERS
CHANCEL	LEGIONNAIRES	TOTALS
EMPTYING	LIBEL	WALKS
FAMISH	METERED	WOULD
GLOSSY	MIMING	
HERRING	OVERSPILL	

Assorted Words 25

```
Y  U  V  Q  Z  S  A  D  E  L  L  E  H  S  E
V  N  I  E  G  Q  N  I  C  M  A  Z  H  C  J
J  R  S  W  L  N  Y  E  N  D  L  U  U  J  H
F  E  D  N  K  B  I  A  E  A  E  T  U  K  C
S  P  T  K  O  Y  A  T  J  T  M  P  Y  C  W
M  E  V  X  J  I  D  C  P  N  F  O  M  P  O
S  A  S  G  K  L  R  L  I  U  I  I  R  I  Q
M  T  S  R  N  E  A  A  M  L  R  P  F  Y  P
O  A  S  K  E  I  Y  I  L  A  P  K  O  X  P
U  B  S  I  C  K  D  S  R  C  G  P  N  P  B
L  L  X  T  T  A  O  A  T  E  S  L  A  A  Y
D  E  P  M  O  F  J  M  F  O  T  G  A  N  B
E  C  O  B  B  L  E  R  S  I  N  R  Q  M  I
R  S  N  I  M  H  F  L  A  I  M  E  A  N  A
C  V  W  B  A  E  C  I  T  C  A  R  P  F  V
```

AMALGAM	FIFTEENS	PYROMANIA
ANAEMIA	FLOTSAM	SHELLED
ARTERIAL	INAPPLICABLE	SMOKERS
BANKRUPTING	KEYSTONE	SMOULDER
CARJACKS	LEFTISTS	UNREPEATABLE
CLARIONS	PIMPED	
COBBLERS	POPINJAY	
FADING	PRACTICE	

Assorted Words 26

```
S  E  Z  I  C  I  T  I  L  O  P  E  D  G  D
C  V  K  X  Y  I  M  P  R  O  V  E  S  S  D
S  O  A  S  L  A  T  N  E  M  A  D  N  U  F
F  T  C  X  K  B  C  S  R  O  R  R  O  H  W
X  R  N  K  K  H  G  N  I  T  N  U  P  V  G
M  S  Z  I  S  D  E  C  A  N  T  E  R  O  E
I  U  L  E  O  U  S  N  F  Q  U  M  N  J  N
N  B  H  E  R  N  C  S  K  G  M  M  Z  S  E
E  C  E  B  R  E  A  K  A  B  L  E  M  C  R
R  U  E  C  M  U  K  D  E  P  H  R  J  O  I
A  L  H  S  H  Z  S  C  E  R  M  I  E  O  C
L  T  A  N  J  S  R  S  A  U  S  O  X  P  E
O  U  W  H  Q  Z  U  R  I  R  R  H  C  S  H
G  R  E  T  R  E  A  D  S  F  C  T  K  Z  J
Y  E  D  I  N  V  E  S  T  I  T  U  R  E  S
```

ANOINTS	FISSURE	PUNTING
BREAKABLE	FUNDAMENTALS	RETREADS
COCKSUCKERS	GENERIC	SCOOPS
COMMUNISTIC	HEEHAWED	SUBCULTURE
COMPASS	HORRORS	TRUED
CRACKER	IMPROVES	
DECANTER	INVESTITURES	
DEPOLITICIZES	MINERALOGY	

Assorted Words 27

```
E  G  G  R  B  G  N  I  N  O  I  S  S  I  M
N  H  R  A  T  E  E  X  T  M  Z  X  M  Z  L
Y  O  D  U  S  A  L  S  P  S  R  M  O  J  S
Z  Y  A  W  Y  N  A  E  I  E  I  Q  B  I  P
W  S  N  O  E  B  R  E  A  C  H  E  D  V  A
P  Z  R  E  Y  V  M  M  T  G  X  W  H  X  W
A  U  T  O  M  O  T  I  V  E  U  E  C  N  N
T  V  D  E  T  T  I  M  O  C  B  E  Z  Z  S
R  U  U  J  A  A  S  T  U  O  Y  R  R  A  C
O  L  Q  Y  U  N  R  U  S  C  H  O  O  S  Y
L  A  L  N  I  M  U  O  D  O  S  D  E  C  Z
M  S  T  H  M  O  O  C  C  Q  R  U  N  V  B
A  M  M  R  B  V  O  S  A  E  L  F  N  W  X
N  A  K  E  D  N  E  S  S  L  D  C  E  B  I
E  N  O  H  P  O  M  O  H  X  K  B  J  D  F
```

ANYWAY	DUSTMEN	PATROLMAN
AUTOMOTIVE	EXCISE	SPAWNS
BELEAGUERS	HEIST	UVULAS
BREACHED	HOMOPHONE	
CARRYOUTS	LACUNAE	
CHOOSY	MISSIONING	
DECORATORS	NAKEDNESS	
DEFROST	OMITTED	

Assorted Words 28

```
F  S  E  S  P  A  H  R  E  P  J  D  X  D  D
U  Y  H  U  N  D  R  E  D  T  H  O  O  I  V
J  W  H  A  I  R  D  R  E  S  S  E  R  S  M
Y  T  H  T  Z  S  L  E  A  K  A  G  E  H  Z
E  S  P  B  S  D  N  U  O  R  G  R  I  A  F
U  E  E  L  E  N  H  A  N  C  E  S  D  R  B
K  I  F  O  J  E  L  L  I  E  S  A  E  M  R
C  G  E  J  P  L  F  W  O  D  A  N  R  O  T
W  O  S  D  A  C  H  S  H  U  N  D  S  N  Y
S  E  T  I  U  Q  E  R  T  D  E  G  N  I  Z
Z  X  I  S  E  C  N  A  N  E  T  N  U  O  C
Q  V  V  Y  B  X  D  E  N  W  A  R  P  U  E
H  S  I  N  I  W  S  X  B  D  H  K  F  S  D
F  U  T  I  L  E  L  Y  S  U  P  P  I  N  G
G  Y  Y  S  T  N  E  L  L  E  P  O  R  P  G
```

BEEFSTEAK	FUTILELY	PROPELLENTS
COUNTENANCES	HAIRDRESSERS	REQUITES
DACHSHUNDS	HUNDREDTH	SUPPING
DISHARMONIOUS	JELLIES	SWINISH
EIDERS	LEAKAGE	TORNADO
ENHANCES	PERHAPSES	ZINGED
FAIRGROUNDS	POESY	
FESTIVITY	PRAWNED	

Assorted Words 29

```
M  D  E  K  C  I  L  U  A  R  D  Y  H  L  K
H  S  P  I  H  W  E  S  R  O  H  D  B  E  P
Y  T  I  R  A  L  I  M  I  S  S  I  D  A  R
D  L  E  N  G  I  N  E  S  F  P  F  S  C  E
N  G  C  N  O  I  T  C  E  S  S  I  D  H  S
O  A  N  G  N  I  R  E  T  T  I  B  M  E  S
M  T  A  I  Z  E  T  N  U  U  K  E  S  S  U
I  V  I  P  L  S  G  A  I  I  G  N  U  S  R
N  U  I  P  R  L  R  I  E  L  N  D  I  I  I
E  H  K  C  E  I  O  E  L  R  N  U  A  N  N
E  K  E  E  E  R  C  P  M  B  C  I  T  G  G
S  B  F  M  L  D  C  O  S  M  O  N  A  U  T
A  T  N  E  G  A  M  E  T  O  I  G  Y  L  M
T  O  H  S  N  O  O  M  D  S  H  L  D  A  O
E  D  I  C  I  T  N  A  F  N  I  P  G  R  K
```

APRICOTS	ENGINES	NOMINEES
COSMONAUT	GLIMMERS	OBLIGE
CREATIONISM	HORSEWHIPS	POLLING
DECREPIT	HYDRAULICKED	PRESSURING
DISSECTION	INFANTICIDE	SINGULAR
DISSIMILARITY	LEACHES	VICED
EMBITTERING	MAGENTA	
ENDUING	MOONSHOT	

Assorted Words 30

```
R D W G S S E N E S U T B O I
C S S O E S G S G E K E P L N
T Z K O W S S N O Y E L N Y T
H K X D E E T E I T J L K K E
O U V W Z K V A N K S P D Z R
T I D I Y G D A T N C E S G R
S N R L S R N R W I E I R S O
O H E L S T E I A O O E P P G
H G A C Z P C W T W R N K O A
A S M D E T R E E N C C O T
L K S J O D F E L R N W I D O
E U G D Z W N R W E B O O M R
R N W I E M S I S T S B Y D Y
R K U S N O I T A L U C L A C
P S M C V Z C R E T S Y H S B
```

BAYONETING	HALER	SELECTS
BREWERY	INDECENT	SHADOWS
CALCULATIONS	INTERROGATORY	SHYSTER
COEDS	KEENNESS	SKUNKS
DOWNWARD	MICROWAVE	TWERPS
DREAMS	OBTUSENESS	
GESTATION	PICKINGS	
GOODWILL	PRESTOS	

Assorted Words 31

```
Q  N  C  S  H  R  I  N  K  A  G  E  P  Z  G
T  R  O  U  G  H  H  O  U  S  E  D  R  R  P
A  O  W  I  D  E  S  P  R  E  A  D  O  P  O
H  S  U  F  O  R  E  W  E  N  T  T  A  S
E  S  S  T  I  X  C  T  Z  P  U  A  E  R  C
U  L  N  E  L  J  Y  I  A  Q  P  H  C  B  I
R  L  B  E  R  I  K  L  X  N  N  Y  T  O  L
I  R  C  I  G  T  V  U  E  E  E  G  S  R  L
S  E  V  I  C  O  I  E  D  S  R  I  C  E  A
T  V  X  R  N  U  H  V  D  Z  N  O  L  T  T
I  E  C  P  O  O  D  T  E  V  U  E  N  A  E
C  L  A  P  M  C  L  E  A  N  W  S  T  A  D
U  L  T  L  I  Q  U  I  D  P  E  J  T  N  D
F  E  H  E  A  R  T  B  E  A  T  S  Y  P  I
K  R  H  O  D  I  U  M  U  N  B  O  S  O  M
```

ALIENATE	HEURISTIC	PROTECTS
ANOREXIC	INTENSELY	REVELLER
ARBORETA	KUDZUS	RHODIUM
ASSERTIVENESS	LIQUID	ROUGHHOUSED
CLEAN	OSCILLATED	SHRINKAGE
DEDUCIBLE	OUTLIVED	UNBOSOM
FOREWENT	PATHOGENS	WIDESPREAD
HEARTBEATS	PEPPY	

Assorted Words 32

```
F V P G S P S N O I T A L B O
C O M C N S E O D A C O V A F
S I D U C I R R I J Y V E I U
T C V S T H N E I J O K R T N
E R C U W I U I T L V L D H D
E C W H D I L R H T A Y I D A
P U O L A T N A C C I I C E M
L A R C T I M G T H A F T I E
E D K G K T R D E E Y M O G N
J M E T H S D E E R G A A N T
A Y R U K X C P D H S S R E A
C K S S L A C O V W C H N D L
K E T A C I D E M V H T K J L
S S T S I T T E R B I L E Y Y
S Q U I N T E V I T S E R F J
```

AGREED	FITTERS	RESTIVE
AVOCADOES	FUNDAMENTALLY	SQUINT
CANTALOUP	LIBRETTISTS	STEEPLEJACKS
CHAIRED	MACHINING	SWINGERS
CHURCHYARD	MEDICATE	VERDICT
COCKSCOMBS	MUTILATE	VOCALS
DEIGNED	OBLATIONS	WORKERS
FETCHED	PERIL	

Assorted Words 33

```
V I D E O I N G H Y R B C C K
K K E H G B T E Z S Q T A M B
E N T R A N C I N G I C R D U
I Y E K N U I H G U A D J Z X
M G R G S Q G T Y O D H A V Q
P N M M B E C H E R O C C R H
E S I S A Y I H T E J F K S L
R S N A R P T T I I R V I T L
I J E D G O U I I C N G N E A
S X R Z A Y T S L L K E G E R
H R A C I S M S S A O P S R G
A K Y H N S E F A O U V E S E
B I T I S K S F Y C T T I A S
L H G N I N W A F H R K U R S
E J A Y T I N I N I M E F M F
```

ASSIZES
BARGAINS
CARJACKING
CASTORS
CHICKPEAS
DETERMINER
ENTRANCING
FAWNING

FEMININITY
FRIVOLITIES
GOOFIER
GREETING
HAUGHTINESS
IMPERISHABLE
LARGES
MUTUALITY

RACISM
RADISH
STEERS
TOSSUP
VIDEOING

Assorted Words 34

```
Q K S H R R S N O I T I S O P
B D O R T A Y R O T E R C X E
B S K C O R E C E I P E Y E Z
B O B L A T E F S T S M R D H
L A R B I F C L T G S C E U K
O N R E S A B E E R F A A P Q
C F F O T S R E L L E S S L P
K A L G M I A C P F X A S I I
E T U O S E N E Q W E V U C D
D L I T G E T S S O H D R A O
M R D O I G I E R A A X I T N
W B N N W O I G R E L R N I M
V Z M R I L N N O F N T G O V
K A G X K W K S G O L I E N K
H R E G N A D N E S B F D R Q
```

BAROMETER	DWINDLE	OBLATE
BLOCKED	ENDANGER	POSITION
BOOGIES	EXCRETORY	REASSURING
CAUTIONS	EYEPIECE	ROCKS
DEFLECTORS	FLEECES	SALTER
DINERS	FLOGGINGS	SELLERS
DISASTERS	FREEBASE	
DUPLICATION	NITER	

Assorted Words 35

```
S  P  E  N  D  S  T  R  G  N  I  P  P  A  T
Z  W  R  A  N  G  L  E  M  U  L  L  I  N  G
D  I  G  R  A  P  H  S  L  M  S  K  T  C  R
D  O  J  R  F  A  C  B  D  T  G  T  Z  I  C
J  H  J  D  F  C  S  X  E  L  N  Y  L  L  A
E  Y  Q  V  I  U  U  L  B  I  M  A  M  L  R
V  P  M  W  R  T  A  S  U  K  I  L  G  A  R
L  H  C  O  M  M  E  N  T  A  T  O  R  R  I
E  E  H  T  A  W  S  M  I  O  H  S  L  I  A
G  N  C  S  T  S  O  H  N  M  D  R  N  E  G
A  A  M  B  I  E  E  R  G  E  D  I  E  S  E
T  T  C  H  O  M  P  S  T  I  K  S  A  V  H
I  I  I  S  N  Y  B  R  R  T  I  A  R  N  O
N  O  T  I  S  B  A  B  T  P  M  E  E  R  P
G  N  C  E  F  U  Y  G  G  U  M  V  D  K  O
```

AFFIRMATIONS	DIGRAPHS	OVERHAULS
ANCILLARIES	GANTLET	PREEMPT
CARRIAGE	HOSTS	SKITS
CHOMPS	HYPHENATION	SPENDS
COMMENTATOR	LEGATING	SWATHE
CUSTODIAN	MUGGY	TAPPING
DEBUTING	MULLING	WRANGLE
DEGREE	NEARED	

Assorted Words 36

```
H Z Y D E H S I R U O N K S S
E S D O O V E R S T A Y E D A
M U N J D I S H O N O R I N G
O L V A V H D E G A V L A S G
P P M T I F S T R E S N I E R
H H I S E C D E L K C U N K E
I U N E D T I I E T A D P U G
L R S A Z A I G N C Z E M H A
I E T J B C O R O N A S Y F T
A D E K C O L L P L E F S K I
U M R Y C H J A E S Y R T K O
H Y I D Z P A S S E N G E R N
Y F G X G H Z G F H R U R D S
V O U T A G E G T T N F Y S S
M K T J U M N V S P O T T E R
```

AGGREGATIONS	LOCKED	PASSENGER
CLASH	LOGICIANS	REINSERTS
CORONAS	MAXIMA	SALVAGED
DINNERED	MINSTER	SPOTTER
DISHONORING	MYSTERY	SPRITE
FREELOADS	NOURISHED	SULPHURED
HEMOPHILIA	OUTAGE	UPDATE
KNUCKLED	OVERSTAYED	

Assorted Words 37

```
N  S  M  M  B  Z  S  A  E  S  E  P  L  E  K
O  H  H  E  Q  C  E  M  B  Y  E  B  E  H  O
R  F  O  R  E  B  E  A  R  W  B  P  G  F  K
I  Y  H  E  B  Q  P  C  H  E  E  T  A  H  N
G  T  Q  T  W  E  A  V  E  D  B  Y  T  N  E
I  A  S  R  E  Y  O  R  T  S  E  D  O  S  R
N  G  N  I  H  C  O  O  M  W  O  G  S  L  A
J  V  N  C  G  S  B  W  M  O  D  I  F  Y  D
F  E  A  I  C  O  M  P  A  C  T  I  O  N  I
K  R  N  O  H  L  L  D  E  K  N  A  P  S  C
B  B  W  U  C  C  L  O  E  R  M  W  C  B  A
O  K  B  S  I  Y  N  Z  H  C  X  E  D  L  T
X  I  S  B  W  B  L  A  S  T  I  N  G  P  E
L  L  A  B  H  T  O  M  R  Z  N  U  L  Q  D
S  D  R  A  U  G  D  U  M  B  O  A  J  N  U
```

ANTHOLOGIST	FOREBEAR	NAPES
BERMS	JUICED	ORIGIN
BLASTING	LEGATOS	SPANKED
BRANCHING	MERETRICIOUS	WEAVED
CHEETAH	MODIFY	
COMPACTION	MOOCHING	
DESTROYERS	MOTHBALL	
ERADICATED	MUDGUARDS	

Assorted Words 38

```
I  I  Q  G  N  I  T  A  I  D  A  R  R  I  V
J  U  N  S  Y  L  S  U  O  I  C  I  L  A  M
N  C  S  F  R  S  E  T  A  T  I  D  E  M  T
A  L  O  S  R  E  F  I  W  H  S  I  F  M  J
F  K  P  F  Y  E  N  S  T  U  O  K  O  O  L
G  T  P  A  T  L  Q  I  T  D  O  P  I  R  T
M  S  I  L  F  E  E  U  D  A  X  A  T  D  P
E  T  E  L  T  O  S  T  E  J  R  P  H  C  R
G  I  S  I  J  H  R  E  A  N  Q  C  W  O  E
A  N  T  N  M  J  A  E  M  U  C  D  H  A  V
L  G  I  G  R  R  C  R  H  A  Q  Y  W  L  I
I  I  S  D  C  Y  A  P  P  A  R  E  L  S  E
T  L  R  I  N  K  E  D  N  S  N  F  D  Q  W
H  Y  G  G  R  O  W  E  R  S  R  D  F  A  E
P  M  S  E  U  D  B  U  S  B  G  L  S  T  D
```

ADEQUATELY	FOREHANDS	MEDITATES
APPARELS	FRAMES	MEGALITH
ARMIES	GROWERS	PREVIEWED
BONDING	HARPS	RINKED
COALS	INFREQUENCY	SOPPIEST
DINERS	IRRADIATING	STARCH
FALLING	LOOKOUT	STINGILY
FISHWIFE	MALICIOUSLY	SUBDUES

Assorted Words 39

```
X  C  W  S  J  F  S  H  O  R  T  E  S  T  D
T  O  Q  A  E  N  O  R  M  O  U  S  L  Y  Y
G  N  I  R  I  L  E  R  E  K  C  A  M  J  L
B  F  E  E  J  S  B  B  G  S  F  P  X  R  P
H  I  X  M  R  Q  B  U  L  I  M  I  A  E  E
X  D  W  B  T  X  E  S  S  Y  V  T  F  S  R
I  E  M  Z  L  N  H  Y  D  A  O  E  C  T  S
X  N  F  T  S  G  I  B  L  O  H  P  S  L  O
H  C  B  H  U  H  N  O  W  T  Z  C  T  E  N
V  E  R  Q  O  Y  D  D  P  S  A  A  B  S  A
S  S  A  E  C  N  S  Y  X  P  K  L  D  S  L
O  G  A  R  T  S  E  L  B  B  A  B  F  L  I
N  G  N  I  T  O  N  Y  E  K  X  G  J  Y  Z
C  I  I  I  K  E  L  D  E  V  I  V  E  R  E
E  W  S  I  K  X  D  D  I  D  U  N  W  E  D
```

APPOINTMENT	FLATLY	PERSONALIZED
BABBLES	FORGIVES	RESTLESSLY
BEHINDS	HEARTED	RETOLD
BULIMIA	HONEYED	REVIVED
BUSYBODY	IRING	SHORTEST
CHASUBLES	KEYNOTING	UNWED
CONFIDENCES	KINGS	
ENORMOUSLY	MACKEREL	

Assorted Words 40

```
R E U S E D S R A B L O O T J
L U N C H T I M E S F V Q S Z
X C U P F U L S Y A W H T A P
R K A Y L E S S C N U Z U P A
D S R L L A S E E I L S B L W
P E H E L E C U L I P I N E U
H S B A T E V I O B L L L A C
A I T M L I V I N H U L I R E
M S N E O L D I S A Y L A N M
U H E G K C O A A I H A O T E
T O B H E C Y T R T R C L S W
A V B J C C I E A T I E E P L
B E A I Z N P R N Y X O D M I
L S A T H P I E C O A E N S N
E M Z O Q Z F P T B H S G G G
```

ALLEVIATION	HINGE	PINCHES
ALLIES	HONEYCOMBED	PLAYHOUSE
AYATOLLAHS	LEARNT	REUSED
CRICKETS	LUNCHTIMES	SHOVES
CUPFULS	MECHANICAL	SOLUBLES
DERISIVELY	MEWLING	TOOLBARS
DISCIPLINE	MUTABLE	
EXTRADITE	PATHWAYS	

Assorted Words 41

```
W  G  L  Q  S  T  S  I  O  F  J  I  G  B  P
K  E  G  R  O  G  S  I  D  F  A  W  X  V  I
C  R  H  T  N  E  M  E  C  A  L  P  M  E  E
C  G  Z  P  L  D  H  F  I  Y  C  N  R  A  R
P  A  R  F  A  I  T  L  L  L  Z  O  Z  L  C
A  S  E  R  U  T  C  E  T  I  H  C  R  A  I
X  Z  V  E  X  G  L  K  R  C  C  T  B  A  N
L  I  Z  A  R  D  T  T  I  M  L  K  A  Q  G
G  H  F  V  M  O  D  E  R  N  I  Z  E  E  S
P  A  A  E  L  R  J  G  N  I  G  D  U  R  D
R  Q  U  S  B  Z  A  F  L  U  K  I  E  R  S
I  D  E  D  U  L  C  X  E  P  L  I  A  N  T
Z  D  T  R  Y  D  E  N  G  I  L  A  N  O  N
E  B  W  O  B  S  S  O  R  C  A  O  C  N  Z
S  L  F  P  G  N  I  S  O  L  C  E  R  O  F
```

ARCHITECTURES	FLICKERS	NONALIGNED
CROSSBOW	FLUKIER	PARFAIT
DEATHLIEST	FOISTS	PIERCINGS
DISGORGE	FORECLOSING	PLIANT
DRUDGING	GAUDY	PRIZES
EAVESDROP	LICKING	
EMPLACEMENT	LIZARD	
EXCLUDED	MODERNIZE	

Assorted Words 42

```
S  O  C  L  B  A  S  T  I  R  E  T  E  R  P
B  S  D  B  E  R  S  R  O  Y  E  V  R  U  P
A  U  E  G  T  A  U  C  A  S  X  D  Q  B  Q
I  D  R  N  W  S  S  E  P  Y  N  A  S  H
L  P  A  Z  I  W  U  R  H  R  S  T  T  Z  Z
S  O  N  P  X  G  R  B  E  X  T  D  E  Z  B
P  I  T  O  T  I  G  K  L  S  K  A  L  K  Y
U  N  I  I  B  E  L  O  P  I  U  S  I  E  A
G  T  C  Q  U  D  D  L  S  Q  M  O  E  N  F
I  I  L  V  I  S  A  G  E  S  D  A  R  G  S
L  E  I  T  I  R  E  D  I  G  M  K  T  A  F
I  R  M  F  F  U  T  S  R  N  I  O  L  E  C
S  L  A  N  O  G  A  T  N  E  P  B  Y  G  S
M  B  X  P  E  R  I  P  H  E  R  A  L  S  C
V  N  G  Q  N  A  M  T  N  A  H  C  R  E  M
```

ADAPTED	FELDSPAR	PUGILISM
ANTICLIMAX	GRADS	PURVEYORS
ASCERTAINS	ILLEGIBLE	SOGGINESS
ATELIER	MERCHANTMAN	STUFF
BAILS	PENTAGONALS	SUBLIMATES
BETWIXT	PERIPHERALS	TIRED
BRUSH	POINTIER	VISAGES
CAROUSERS	PRETERITS	

Assorted Words 43

```
S  E  I  B  U  R  D  G  R  C  Z  D  U  P  P
S  G  M  G  V  K  D  E  K  C  A  N  K  V  U
T  R  N  Y  B  C  R  O  T  C  H  E  S  K  T
S  N  O  I  T  C  I  D  D  A  G  G  Y  H  T
E  U  E  T  R  M  S  I  J  M  N  Y  W  D  E
O  S  Z  M  A  B  A  N  R  M  O  E  L  U  R
V  D  N  E  R  M  G  P  A  E  C  I  I  P  S
E  O  S  E  R  A  I  N  P  T  L  U  U  L  O
R  S  B  E  C  U  B  N  I  E  N  E  Q  E  A
A  A  O  U  U  N  S  E  A  R  T  U  U  X  I
C  G  C  P  A  Q  I  A  D  J  E  I  S  R  M
T  E  W  G  X  D  O  U  E  L  W  P  Z  U  C
S  S  T  F  S  E  O  T  A  M  O  T  P  E  G
B  A  M  N  E  V  I  T  A  G  E  N  M  I  R
R  E  S  P  E  C  T  I  V  E  L  Y  E  M  K
```

ADDICTION	DEBARMENT	NEGATIVE
ALIENATED	DOSAGES	OVERACTS
AMMETER	DUPLEX	PUTTERS
ANIMATORS	EXPOSE	RESPECTIVELY
APPETIZER	INCENSE	RUBIES
BRING	KIPPERING	SUNTANS
CROTCHES	KNACKED	TOMATOES
CRUELER	MEASURE	TOQUES

Assorted Words 44

```
F  J  D  E  T  A  R  E  T  I  L  B  O  Y  H
T  O  V  F  F  Y  G  S  T  O  R  I  E  S  O
S  H  S  D  H  I  T  N  U  H  N  A  M  M  R
V  E  Z  S  E  G  U  I  K  Z  R  L  D  A  S
O  C  R  C  S  R  N  Z  D  X  I  X  C  C  E
O  O  E  O  O  E  E  I  W  I  L  K  M  K  F
B  V  X  L  L  N  N  M  T  F  U  N  N  E  L
J  E  Y  O  Y  P  C  I  M  S  U  Q  M  D  Y
E  R  G  R  B  Y  X  I  H  I  E  X  I  Z  Q
C  A  W  F  U  L  N  E  S  S  L  V  O  L  T
T  L  N  K  C  N  O  R  B  E  A  G  N  E  H
I  L  F  X  K  H  E  O  O  A  N  L  M  I  R
N  S  F  O  I  I  E  P  T  C  K  E  F  Q  O
G  O  X  Y  W  G  N  I  V  A  H  B  S  X  W
F  X  T  J  Q  O  R  A  T  O  R  I  O  S  N
```

AWFULNESS	HAVING	PENURY
CONCISENESS	HORSEFLY	SMACKED
CORNY	INVESTING	STORIES
COVERALLS	LIQUIDITY	THROWN
EXPLORES	MANHUNT	TOOLBOX
FLASHINESS	OBJECTING	
FUNNEL	OBLITERATED	
GLIMMERED	ORATORIOS	

Assorted Words 45

```
F  S  P  W  D  O  T  H  O  R  N  I  E  R  Q
L  J  Y  W  C  R  E  M  A  T  O  R  I  E  S
H  S  B  U  R  D  O  R  S  G  D  Z  B  Q  P
D  E  N  X  J  E  A  J  E  T  G  J  S  U  R
F  L  C  A  C  I  C  M  F  C  S  L  C  E  A
Q  I  C  O  M  P  A  R  A  B  L  E  E  A  I
D  T  M  I  N  S  F  N  U  S  X  U  J  S  R
R  E  W  I  T  O  S  S  A  O  K  Y  S  I  I
E  R  N  P  V  C  M  E  N  R  S  E  L  E  E
M  A  E  I  U  E  E  I  R  E  C  T  D  R  S
O  R  F  T  L  C  C  L  C  G  H  H  U  C  A
V  Y  N  R  X  C  K  R  A  X  N  S  I  O  B
A  J  R  U  U  Q  N  I  E  I  B  O  E  S  D
L  E  L  N  E  L  K  I  N  I  D  Y  C  R  T
S  G  N  I  F  L  O  G  R  G  P  O  M  Y  F
```

ANARCHIST	FJORD	PIERCE
COMPARABLE	FRESHENS	PRAIRIE
CONGRESSMAN	GOLFING	PUCKING
CREMATORIES	HAGGLE	QUEASIER
DAMASKED	INCLINED	RECLUSES
DIALECTIC	JESTS	REMOVALS
DRUBS	LITERARY	THORNIER
ECONOMIC	OUTSOURCE	

Assorted Words 46

```
O  K  U  H  I  B  R  E  D  N  O  F  R  G  T
D  B  F  X  T  E  I  V  G  S  T  A  T  E  S
I  E  A  P  V  X  D  B  G  N  I  B  U  C  N
G  I  T  R  S  T  I  C  U  E  I  R  R  E  E
I  N  U  A  P  E  S  U  D  L  X  H  H  Y  B
T  S  O  N  L  M  S  R  Y  V  O  H  C  N  A
A  U  U  C  U  P  I  V  S  V  E  U  U  R  J
L  F  S  I  S  O  M  I  G  E  N  L  S  L  A
I  F  N  N  S  R  U  E  X  L  I  W  C  O  T
Z  E  E  G  E  I  L  S  T  V  G  L  E  P  B
E  R  S  S  S  Z  A  T  W  N  J  P  L  S  Z
S  A  S  Z  R  I  T  J  F  U  O  B  L  I  C
J  B  B  T  T  N  I  O  P  U  B  C  I  D  S
K  L  H  M  Y  G  N  C  L  A  R  I  N  E  T
Y  Y  D  O  W  N  G  R  A  D  E  S  G  D  U
```

ANCHOVY	DIGITALIZES	PLUSSES
ARCHING	DISSIMULATING	PRANCING
BIBULOUS	DOWNGRADES	SILLIES
CELLING	EXTEMPORIZING	STATES
CLARINET	FATUOUSNESS	
CONTEMPLATED	FONDER	
CUBING	INSUFFERABLY	
CURVIEST	LOPSIDED	

Assorted Words 47

```
A  H  R  D  U  S  T  R  I  N  K  E  T  S  E
L  A  R  O  L  F  T  W  D  S  Z  A  M  V  E
M  N  S  V  L  N  C  U  P  N  D  I  Y  B  K
I  S  S  E  N  G  O  B  B  L  E  R  S  A  B
M  O  S  T  T  A  M  I  T  B  A  G  O  S  K
E  M  S  A  S  A  I  R  T  N  L  D  X  I  C
O  S  P  I  W  E  L  R  O  P  E  I  H  N  F
G  R  R  L  N  E  U  O  T  A  M  D  E  G  Z
R  O  O  I  B  G  S  Q  S  S  D  U  I  S  P
A  T  S  N  U  W  L  N  N  E  E  W  S  R  T
P  A  P  G  R  N  T  E  E  O  D  D  O  E  T
H  T  E  F  E  P  B  K  D  P  C  F  E  R  R
I  I  C  R  A  M  M  I  N  G  E  E  W  P  K
N  N  T  B  U  L  L  H  E  A  D  E  D  L  A
G  G  S  R  S  O  U  L  L  E  S  S  D  P  X
```

BASING	FIORDS	RESUMPTION
BULLHEADED	FLORAL	ROADWORK
BUREAUS	GOBBLERS	ROTATING
CONQUESTS	HANSOMS	SINGLED
CRAMMING	KAYAK	SOULLESS
DEEPENS	MIMEOGRAPHING	STUBBLIEST
DESOLATES	PEDESTRIAN	TRIDENT
DOVETAILING	PROSPECTS	TRINKETS

Assorted Words 48

```
F K Y G R S E X O B R A E G V
G N I L L E T E R O F R T R B
G Y G O L O C I S U M E V O Z
Y W Y N N A R C G P E G S M O
N D S E C C N G S A N I I A V
S S N N S D I O D E V M M N E
G O N B O M O G I V I E P T R
A Q U A R I U M S T S S L I A
L G T S G O T G Y O I P E C W
L P N A E I I C G L O D I Y I
O Q V I W W L L E L N O N R N
N L E Z P F M O E F E E L O G
S Q D I S P J L O R F S E S C
Q M G N I N O H P N A F U G
E T X H N O N F I C T I O N Q
```

AFFECTIONS	FORETELLING	OVERAWING
AQUARIUMS	GALLONS	PHONING
BROILER	GAVEL	QUEENLY
CONDITIONALLY	GEARBOXES	REGIMES
CRANNY	GRIPS	ROMANTIC
DIODE	HOOLIGANS	SIMPLE
ENVISION	MUSICOLOGY	SMUGGLES
FOPPING	NONFICTION	SOUSE

Assorted Words 49

```
D  C  I  S  T  M  A  R  Q  U  E  S  S  J  P
D  E  G  A  M  A  D  E  Z  I  T  U  P  E  D
J  E  T  A  R  E  D  I  S  N  O  C  L  L  I
U  R  E  T  I  L  H  O  N  W  Y  V  I  L  S
I  S  D  R  A  G  E  R  S  I  D  W  T  I  A
F  D  J  D  P  B  V  O  C  A  T  I  V  E  G
L  B  V  U  A  I  M  E  X  A  L  T  C  S  R
I  S  E  R  I  A  N  O  I  L  L  I  B  M  E
R  U  A  V  T  M  Z  I  C  E  O  Y  O  X  E
T  Q  K  T  E  L  W  A  O  N  W  D  O  R  D
E  G  S  G  O  L  A  N  A  N  F  A  S  R  B
D  Y  X  V  I  M  E  H  G  C  T  D  T  S  Z
P  J  U  C  L  E  I  D  P  A  L  R  U  B  N
E  O  B  T  M  M  T  C  C  S  H  S  M  F  U
Y  F  E  L  A  S  T  I  C  H  A  F  I  N  G
```

ANALOGS	COMBATTED	FLIRTED
ASPHALT	CONSIDERATE	JELLIES
ATOMIC	DAMAGED	LITER
BEVELED	DEPUTIZED	MARQUESS
BILLIONAIRES	DISAGREED	PINION
BROIL	DISREGARDS	VOCATIVE
BURLAP	ELASTIC	
CHAFING	EXALT	

Assorted Words 50

```
J N O V E R B O O K I N G P T
S N W B D A L L I A N C E U A
A I O O V E G O T I S T W R M
L R J O D C D I G B C A I S A
T E C S G E W A A U E U D U L
C J M T F A O Y E C A Z E A I
E O Y E S B L H Y H S T N N G
L I A D E N O I D S E S E T N
L C N B A L O N E Y S R D B I
A E D E L S I M Q K J U A N N
R C U W A Q A C A N T H I B G
Y L E T A R E P S E D F M X J
C F I C K L E S T A G C J H J
Z Y I N O I T A D I P A L I D
X K T S E I K L A B B C G G V
```

ACANTHI	DESPERATELY	OVERBOOKING
ADENOIDS	DILAPIDATION	PURSUANT
BALKIEST	EGOTIST	REJOICE
BALONEY	FICKLEST	SALTCELLAR
BAREHEADED	HOEDOWN	WIDENED
BOOSTED	LAGOON	
CEASES	MALIGNING	
DALLIANCE	MISLED	

Assorted Words 51

```
R  T  S  S  D  E  D  D  I  U  Q  S  M  V  W
U  E  B  E  E  E  T  R  A  V  A  I  L  S  I
U  O  I  Y  T  I  Z  G  E  R  L  Y  K  H  J
H  B  Z  K  M  A  T  I  N  L  E  O  M  O  D
S  U  R  E  C  A  C  I  L  I  A  U  O  S  U
U  R  O  F  C  U  C  I  V  I  T  P  S  T  V
F  I  O  P  W  N  M  E  T  I  S  U  S  E  S
F  E  F  L  J  T  A  O  D  S  L  S  N  E  S
I  S  S  W  E  P  Z  L  H  S  E  C  O  I  D
X  A  P  O  L  H  I  F  A  V  P  M  O  F  M
I  C  V  H  T  H  C  G  L  B  P  Q  O  R  M
N  H  U  Y  R  E  V  A  N  K  M  C  T  D  P
G  E  Z  J  D  I  S  O  B  E  Y  I  N  G  P
X  T  W  I  M  P  E  R  A  T  I  V  E  S  V
X  H  O  U  T  M  A  N  O  E  U  V  R  E  D
```

BACHELORS	MACED	SACHET
BURIES	MINUTING	SQUIDDED
DISOBEYING	MUCKIER	STOOL
DOMESTICATES	OUTMANOEUVRED	SUFFIXING
FOSSILIZE	PROCLIVITIES	TRAVAILS
IMBALANCE	RELAPSED	
IMPERATIVES	REUSES	
KNAVERY	ROOFS	

Assorted Words 52

```
T  S  N  I  P  E  D  I  E  T  I  T  I  A  N
J  H  E  M  O  P  H  I  L  I  A  C  C  F  V
E  X  H  I  L  A  R  A  T  I  O  N  Y  I  F
F  Z  G  N  C  N  E  N  G  U  L  F  I  N  G
W  T  Y  N  B  R  V  I  P  E  R  S  X  G  N
I  R  D  C  I  A  A  E  U  P  G  Q  R  E  T
G  E  X  I  C  P  C  W  O  L  L  E  F  R  M
G  A  Z  M  S  W  M  K  F  D  V  Y  D  P  I
L  N  G  M  D  C  C  A  R  I  N  G  I  R  L
I  I  H  S  I  F  L  E  R  E  S  X  M  I  E
E  M  Z  R  K  K  A  O  R  C  S  H  K  N  S
S  A  B  A  N  D  P  S  S  S  V  T  E  T  T
T  T  K  G  R  A  D  E  S  U  F  F  U  S  O
J  E  P  V  J  D  E  S  S  U  R  T  R  F  N
H  R  J  S  Y  L  G  N  I  D  E  E  C  X  E
```

BACKREST	ENGULFING	REANIMATE
CARING	EXCEEDINGLY	SNIPED
CRAMPING	EXHILARATION	SUFFUSED
CRAWFISHES	FELLOW	TRUSSED
CROAK	FINGERPRINT	VIPERS
DIETITIAN	HEMOPHILIAC	WIGGLIEST
DISCLOSURE	LIZARD	
ELFISH	MILESTONE	

Assorted Words 53

```
G  M  T  S  T  S  I  L  Y  T  S  R  I  A  H
C  N  S  E  H  C  A  Y  L  L  E  B  C  R  T
I  D  I  E  C  A  R  P  E  N  T  E  R  E  D
R  I  E  T  P  E  R  C  E  I  V  E  A  Q  P
C  N  I  T  N  I  D  E  M  D  C  F  N  U  E
U  V  N  S  S  A  S  R  T  O  U  L  K  E  D
M  O  S  L  X  I  H  T  T  Y  U  X  E  S  A
V  C  O  O  G  M  L  C  L  V  P  X  S  T  G
E  A  U  P  R  I  I  K  N  E  T  E  T  I  O
N  T  C  P  E  E  V  E  C  E  S  S  D  N  G
T  I  I  I  A  M  P  U  T  A  T  I  N  G  I
S  O  A  E  T  S  E  G  N  E  L  L  A  H  C
C  N  N  R  L  N  M  S  T  T  G  B  A  B  S
N  S  T  N  Y  R  H  A  M  P  E  R  I  N  G
J  E  M  B  E  Z  Z  L  E  M  E  N  T  Y  R
```

AMPUTATING	ENCHANTING	PEEVE
BELLYACHES	EPISTLES	PERCEIVE
BLACKLISTED	GREATLY	REQUESTING
CARPENTERED	HAIRSTYLISTS	RETYPED
CHALLENGES	HAMPERING	SLOPPIER
CIRCUMVENTS	INSOUCIANT	
CRANKEST	INVOCATIONS	
EMBEZZLEMENT	PEDAGOGIC	

Assorted Words 54

```
H  Y  E  H  M  Y  L  D  N  U  C  O  J  F  M
S  G  N  I  N  I  G  A  M  I  O  N  Y  U  D
H  R  G  S  D  E  X  N  Y  L  O  N  S  F  P
C  Y  O  G  E  D  T  P  W  D  P  I  S  Q  R
S  A  H  M  M  I  V  O  O  A  E  O  N  S  U
S  E  R  S  U  Q  L  D  R  T  R  S  Z  J  N
I  E  S  E  R  R  H  L  O  W  A  Q  U  E  E
N  B  N  O  L  E  W  G  I  P  T  B  I  M  D
T  X  D  I  L  E  T  O  N  B  E  S  L  R  A
E  B  F  E  H  C  T  A  R  I  S  Y  O  E  M
R  T  E  G  P  S  E  S  W  R  F  J  C  H  S
F  K  S  E  F  R  T  R  O  D  O  F  R  P  G
E  W  Q  I  C  I  A  U  O  H  A  M  A  H  B
R  S  I  A  U  H  H  W  O  F  Z  E  O  T  C
E  M  U  I  R  A  T  E  N  A  L  P  H  T  S
```

AEONS	GHOSTWROTE	PLANETARIUM
AMUSED	HEADWATERS	POTABLES
BEECH	HOSTELER	PRUNED
BILLIES	IMAGINING	RUMORS
COOPERATES	INTERFERE	STAFFING
DEMUR	JOCUNDLY	TOMORROW
DOPEY	NYLONS	WARPED
FORECLOSES	OUTSHINES	

Assorted Words 55

```
I  M  P  O  V  E  R  I  S  H  E  D  L  H  U
T  S  R  H  C  L  R  B  X  Y  S  Z  D  G  R
T  P  Q  F  O  S  R  O  S  E  A  K  A  Q  V
W  K  I  R  N  Q  Y  T  Z  T  A  R  L  J  A
I  O  O  M  S  H  G  T  S  H  S  T  R  A  C
R  P  P  G  T  V  F  L  E  C  N  E  D  A  C
L  O  A  S  E  I  F  I  T  O  N  C  H  W  I
I  M  P  E  R  S  O  N  A  T  I  O  N  C  N
N  D  C  O  N  S  I  G  N  S  G  B  J  J  E
G  G  I  K  A  O  E  Z  I  R  E  V  L  U  P
K  D  H  V  T  E  F  H  L  U  R  K  I  N  G
C  O  P  Y  I  N  G  R  S  U  P  H  K  D  X
M  D  B  I  O  N  F  T  G  A  V  F  B  W  S
L  T  X  O  N  D  E  T  W  C  G  Z  T  Z  H
U  A  E  U  L  J  E  S  C  A  P  I  N  G  X
```

ARRAYS	DIVINES	TWIRLING
BOTTLING	ESCAPING	VACCINE
CADENCE	GASHES	
CALKS	IMPERSONATION	
CHESTS	IMPOVERISHED	
CONSIGNS	LURKING	
CONSTERNATION	NOTIFIES	
COPYING	PULVERIZE	

Assorted Words 56

```
Q  C  P  P  B  S  C  M  E  D  I  M  Q  H  W
M  I  T  I  G  A  T  I  O  N  R  V  N  F  H
E  N  H  M  A  I  N  S  A  Z  I  I  M  S  B
X  K  A  E  G  C  R  G  I  L  I  J  E  Z  O
T  S  E  I  G  R  E  L  C  G  U  N  H  W  Q
E  J  R  P  V  G  J  D  Y  Y  O  M  L  G  I
R  P  B  A  C  U  R  T  E  S  T  L  R  W  X
M  X  G  R  K  C  L  I  N  K  W  N  O  O  L
I  F  G  A  Z  C  P  I  P  E  C  B  Z  C  F
N  F  N  M  T  E  I  W  D  I  D  I  B  X  E
A  T  H  E  I  S  T  S  F  E  N  I  R  V  E
T  M  I  C  M  N  G  G  R  X  T  G  C  T  V
E  G  N  I  R  R  E  F  N  I  G  N  U  N  N
S  J  P  U  Y  L  L  A  U  S  A  C  A  K  I
K  P  J  M  U  P  H  A  R  A  N  G  U  E  D
```

AIRSICK	FORMULAIC	TRICKED
ANTEDILUVIAN	GRIPING	WEIRD
ATHEISTS	HARANGUED	
CASUALLY	INCIDENT	
CLERGIES	INFERRING	
CURTEST	MAINS	
ECOLOGISTS	MITIGATION	
EXTERMINATES	PARAMECIUM	

Assorted Words 57

```
Z  A  B  G  N  I  T  S  A  L  R  E  V  E  F
G  N  I  T  A  U  T  N  E  V  E  O  S  S  L
D  I  S  S  E  M  I  N  A  T  E  D  Q  H  A
R  F  S  C  O  L  D  I  N  G  O  E  V  O  G
E  H  T  N  L  W  B  F  E  V  V  M  D  W  O
L  G  L  A  F  S  C  A  T  F  E  Y  A  M  N
A  S  E  I  T  L  A  S  L  O  R  N  M  E  S
B  I  R  I  U  Q  I  A  D  L  L  T  A  N  O
O  N  L  Z  F  X  R  E  D  N  A  T  S  Y  B
R  K  X  F  M  E  F  B  D  A  Y  C  K  A  I
A  F  M  E  D  D  L  E  R  S  P  N  V  V  D
T  N  E  M  U  N  O  M  J  O  F  T  R  O  R
I  H  E  A  R  T  I  E  S  T  K  H  I  J  P
O  A  C  C  O  M  P  L  I  S  H  E  S  N  D
N  D  O  C  U  M  E  N  T  I  N  G  R  Z  G
```

ACCOMPLISHES	DOCUMENTING	MONUMENT
ADAPTING	ELABORATION	OVERLAY
BROKER	EVENTUATING	SALTIES
BYSTANDER	EVERLASTING	SCOLDING
CALLABLE	FLAGONS	SHOWMEN
DAIQUIRI	FLIED	
DAMASK	HEARTIEST	
DISSEMINATED	MEDDLERS	

Assorted Words 58

```
O  P  P  R  E  S  S  I  V  E  L  Y  V  C  L
C  G  F  R  A  N  K  I  N  C  E  N  S  E  H
N  U  I  N  D  I  G  E  N  T  S  F  A  Z  W
E  Y  O  Y  S  Y  E  R  P  S  O  H  F  Q  O
W  D  R  T  Y  L  T  N  E  D  U  P  M  I  C
S  W  D  A  S  R  E  X  C  R  E  T  I  O  N
Y  C  G  A  L  E  A  F  I  E  R  L  A  B  Q
O  T  I  Z  Z  L  S  O  F  P  R  I  C  E  S
W  F  I  T  C  Z  Y  O  H  Z  R  C  C  Y  U
U  X  S  U  S  S  L  I  O  R  B  R  A  H  C
M  C  G  K  Q  E  R  E  N  N  U  L  K  N  F
Z  Z  P  F  C  I  M  C  D  G  R  T  B  I  M
A  J  G  E  V  I  T  O  M  O  T  U  A  C  Q
S  E  V  E  R  E  R  N  D  B  P  F  B  V  R
S  H  R  E  W  S  A  B  A  Z  O  O  M  E  D
```

ANTIQUITY	EXCRETION	PRICES
AUTOMOTIVE	FRANKINCENSE	RALLYING
BRICKS	IMPUDENTLY	SEVERER
BURNOOSES	INDIGENTS	SHREWS
CHARBROILS	LEAFIER	ZOOMED
CYCLED	NEWSY	
DAZZLED	OPPRESSIVELY	
DOMESTICS	OSPREYS	

Assorted Words 59

```
J  S  C  M  U  D  S  L  I  N  G  E  R  S  M
C  E  S  I  E  C  N  A  N  I  M  O  D  W  I
O  O  Z  E  T  T  S  T  Y  T  W  H  I  T  S
N  Y  N  I  N  A  A  X  E  R  E  Z  U  X  D
A  M  L  S  S  I  H  L  H  N  O  M  X  F  E
T  A  H  U  U  A  L  P  U  E  A  V  S  B  A
I  K  T  P  F  L  H  E  M  T  L  L  A  B  L
V  E  X  E  M  P  T  P  V  E  I  B  P  S  I
I  R  F  O  E  A  L  A  M  I  E  P  U  A  N
T  S  H  N  D  Q  N  E  T  E  L  L  A  O  G
I  T  T  J  I  R  V  A  H  I  B  P  M  C  D
E  I  P  S  A  U  C  I  E  R  O  H  C  A  N
S  J  I  T  S  G  N  I  R  P  S  N  I  A  M
C  A  L  L  I  P  E  R  H  P  D  Q  S  D  U
K  P  F  L  O  U  N  D  E  R  S  H  C  N  D
```

CALLIPER	FLOUNDERS	NACHO
CAPITULATE	HELPFUL	NATIVITIES
CONSULTATIONS	LIVELINESS	PLANET
DOMINANCE	MAINSPRINGS	SAUCIER
DOUBLE	MAKERS	SAVORY
EMPHASIZE	MEDIAS	WHITS
EMPHATIC	MISDEALING	
EXEMPT	MUDSLINGERS	

Assorted Words 60

```
D I S T E N S I O N O N B S K
D T N K E S F L S Q C I R L M
H W G R S L B S E P G O I A A
R Y R F O C B M L T U I D B J
E E S E E H D A O L T M G B O
L D Z T N L T E T C A A E E R
O R S I E O N L L A A B H D E
C E T K T R I A L B B T E C T
A N R C U I E T M A M E A Y T
T U I V E N S C U O U A D C E
I M P N R A Y N T C W G R I S
O B E E B T A H E O E S H C X
N E D P O E W U N S M X N E S
F R I E N D L I E R E Y E I D
E L U F E T S A T S I D C P K
```

BRIDGEHEAD	EXECUTIONER	RENUMBER
CATACOMBS	EYEBALLS	SCRAMBLED
CHATTELS	FRIENDLIER	SLABBED
CHLORINATED	HYSTERECTOMY	SPUME
DEBATABLE	KINSWOMAN	STRIPED
DESENSITIZE	LAUGHED	THORN
DISTASTEFUL	MAJORETTES	YAWLS
DISTENSION	RELOCATION	

Assorted Words 61

```
T  A  F  T  N  E  L  O  I  V  N  O  N  X  V
C  O  S  H  O  R  T  E  N  S  M  Y  T  U  G
O  C  R  E  S  C  E  N  D  O  S  J  N  K  R
L  H  B  M  K  U  A  I  A  G  F  E  I  W  X
L  A  W  E  E  N  O  U  L  D  N  M  R  A  G
A  E  W  R  L  N  O  V  S  L  N  O  L  L  A
B  R  H  C  T  I  T  T  I  A  I  O  M  K  I
O  P  T  P  I  N  E  Y  R  Z  T  H  F  E  N
R  A  T  F  I  T  E  V  L  A  V  I  B  R  S
A  P  Q  S  U  H  A  S  E  G  C  T  V  S  A
T  E  Q  Z  E  L  S  M  E  R  N  W  H  E  Y
I  R  A  B  A  Y  L  G  G  R  W  I  T  B  I
O  I  W  I  E  M  R  Y  A  A  T  T  K  S  N
N  N  J  I  Y  X  S  P  S  L  R  S  V  O  G
N  G  S  E  R  E  N  E  S  T  F  P  A  G  J
```

ARTFULLY	FONDANT	RESENT
BELIEVER	GAINSAYING	SERENEST
BIVALVE	GNOMES	SHORTENS
CARTON	HILLIER	SPRYEST
CAUSATIVE	JOKINGLY	TORMENT
COLLABORATION	NONVIOLENT	TWITS
CRESCENDOS	PAPERING	WALKERS
FLAGSHIP	PRAGMATIC	

Assorted Words 62

```
W  G  B  B  K  C  U  A  S  F  D  G  Q  J  C
V  C  U  U  W  L  E  C  T  C  I  E  D  A  A
D  O  A  J  H  E  S  T  A  A  I  C  L  R  U
P  A  G  N  K  F  P  T  U  P  K  T  D  I  U
I  I  G  X  T  T  X  U  U  P  E  C  O  E  F
D  T  R  S  L  I  V  A  C  N  M  H  E  X  V
Y  I  A  K  W  N  C  F  V  O  K  O  D  T  E
A  R  V  L  G  G  Z  I  Z  A  S  W  C  E  E
D  U  A  I  I  Y  W  G  P  C  G  D  H  M  L
E  N  T  N  D  C  H  A  R  A  D  E  S  P  E
L  B  E  H  I  E  V  E  N  S  T  R  P  O  G
D  P  P  I  O  M  N  R  G  U  T  E  M  R  I
E  E  S  C  F  R  U  D  A  M  E  D  D  E  E
R  D  R  X  M  H  W  L  S  T  E  E  H  S  S
S  P  V  G  E  X  P  L  A  N  A  T  I  O  N
```

AGGRAVATE	DIVIDENDS	FILED
ANTICIPATED	ELDERS	ITALIC
AUTHOR	ELEGIES	LUMINARY
CAVILS	EVENS	SHEETS
CHARADES	EXOTICS	STUNK
CHOWDERED	EXPLANATION	
CLEFTING	EXTEMPORES	
COMPUTE	FIEND	

Assorted Words 63

```
D Z C A S J K M G K W O Y Y P
S E P C I B O H P O M O H A J
E N T R A P M E N T L Z C Y S
L D I E F A M I N E D I I D I
Y N A A K A T S I M I T P O N
H O D G T C I S M R B Y H E A
R O B E L R U T Y A E E E S U
L A S S T A E B H N E M R D G
A X W P U U C P R L C S I Y U
N V X H I B L I P E E S N B R
D E M E I T W L T A J S G I A
F I J H J D A U O C L O S H T
I N W H E J E B T P A R I Y E
L H O U S E H O L D E R S N S
L A T H E R I N G E X R P N S
```

ACREAGES	FAMINE	OPTIMIST
APPERTAINS	HOMOPHOBIC	POLLUTED
BUCKETED	HOSPITABLE	PRACTICAL
BUSBOY	HOUSEHOLDERS	RAWHIDE
CIPHERING	INAUGURATES	REJOINS
ENTRAPMENT	INSEAMS	SYNCS
EPILOG	LANDFILL	
FAITHLESS	LATHERING	

Assorted Words 64

```
H  F  F  V  P  O  L  I  C  I  E  S  D  S  E
M  H  K  L  L  D  H  O  M  I  L  I  E  S  H
E  M  X  A  U  D  S  B  J  Q  N  P  B  H  Y
R  O  T  L  S  O  R  T  H  Q  U  R  I  O  D
M  T  U  R  S  E  R  D  I  H  S  O  L  T  R
A  I  S  S  O  T  T  E  S  L  A  F  I  H  A
I  L  R  E  E  R  C  A  S  O  F  I  T  E  U
D  E  M  E  I  F  N  I  C  C  H  T  A  A  L
N  S  G  O  P  K  B  E  L  A  E  E  T  D  I
Y  U  V  H  N  E  L  Y  R  E  L  D  I  E  C
S  G  T  N  S  C  A  A  I  Y  R  P  O  D  K
A  V  L  V  H  T  H  T  H  Y  V  E  N  N  I
P  H  O  N  E  T  I  C  S  C  J  C  D  E  N
A  L  K  A  L  I  N  I  T  Y  V  G  T  S  G
U  E  Z  Z  Z  I  G  N  I  C  E  I  P  S  Y
```

ALKALINITY	HOMILIES	PLACATES
BLAHING	HOTHEADEDNESS	POLICIES
CHALKIEST	HYDRAULICKING	PROFITED
DEBILITATION	MERMAID	REPEATS
DERELICTS	MOTILES	
FALSETTOS	ORNERY	
FLITS	PHONETIC	
FLUORESCED	PIECING	

Assorted Words 65

```
H  M  P  E  R  V  E  R  S  E  N  E  S  S  G
S  P  U  F  V  S  C  A  M  P  E  R  E  D  O
N  S  A  T  S  E  I  D  L  O  M  S  S  T  D
A  H  M  R  A  J  A  R  A  H  A  M  N  E  F
T  A  S  B  G  R  S  S  E  L  M  A  E  S  O
C  N  C  O  B  O  E  X  U  L  T  E  D  V  R
H  G  A  Z  M  R  E  D  U  C  T  I  O  N  S
E  H  R  M  H  C  B  D  I  F  A  A  S  K  A
S  A  L  I  Q  O  R  F  I  S  N  A  H  U  K
L  I  E  R  J  Z  O  Y  S  P  E  L  I  P  E
Y  J  T  S  K  H  G  E  L  A  Q  D  N  K  N
G  N  I  O  S  S  A  L  Y  J  R  V  G  X  I
K  Z  T  X  C  X  N  R  U  H  C  R  L  R  G
C  O  M  P  E  N  S  A  T  E  D  H  E  Z  O
Z  T  N  E  U  R  O  T  I  C  S  D  I  U  Q
```

BROGANS	IDEOGRAPH	SCARLET
CHURN	LASSOING	SEAMLESS
COMPENSATED	MAHARAJA	SHANGHAI
DESIDERATUM	MOLDIEST	SHINGLE
EPILEPSY	NEUROTICS	SNATCHES
EXULTED	PERVERSENESS	
GODFORSAKEN	REDUCTION	
HOOEY	SCAMPERED	

Assorted Words 66

```
B  N  V  J  N  O  N  D  R  I  N  K  E  R  Y
S  Y  M  D  D  G  L  U  N  C  H  R  O  O  M
T  L  L  O  U  Y  R  O  T  A  B  U  C  N  I
O  K  U  N  O  I  T  A  U  T  E  P  R  E  P
D  A  Z  F  X  N  O  I  T  A  T  S  T  U  O
G  B  A  O  D  E  Z  I  T  I  R  O  I  R  P
I  W  L  S  T  E  H  S  E  R  F  R  Q  U  B
E  A  E  A  O  B  E  G  N  I  F  E  E  R  J
S  D  R  O  C  C  A  N  W  O  H  S  M  N  O
T  I  T  L  L  K  R  E  I  D  N  A  S  J  G
N  E  N  Y  R  U  B  I  E  D  X  G  R  G  G
N  S  E  M  P  C  P  A  R  T  E  R  I  F  L
N  Q  S  Y  T  I  C  I  L  E  F  N  I  Z  I
M  Q  S  D  U  Z  R  E  D  L  O  S  O  W  N
T  W  E  Z  I  L  I  B  A  T  S  E  D  V  G
```

ACCORDS	JOGGLING	RUBIED
ALERTNESS	LUNCHROOM	SANDIER
BLACKBALLS	NEEDFULS	SHOWN
DESTABILIZE	NONDRINKER	SOLDER
FIRETRAP	OUTSTATION	STODGIEST
FRESHETS	PERPETUATION	WADIES
INCUBATOR	PRIORITIZED	
INFELICITY	REEFING	

Assorted Words 67

```
R  S  H  G  B  D  E  T  S  U  L  T  D  R  B
U  P  S  D  E  I  L  P  P  A  L  R  E  O  I
M  A  C  W  G  E  N  I  E  U  Q  R  J  I  P
U  T  A  S  R  E  G  E  I  S  E  B  X  S  I
T  I  L  A  U  G  B  F  I  L  R  Z  R  T  Q
I  A  A  X  D  J  N  J  D  N  Y  A  S  E  U
N  L  R  D  G  D  U  I  I  N  E  M  D  R  A
I  D  S  O  E  F  C  G  P  Y  U  V  O  E  N
E  L  F  I  S  G  N  I  T  O  S  O  E  R  C
S  I  T  I  V  I  G  N  I  G  O  X  P  S  Y
S  E  I  T  I  M  R  O  F  E  D  R  T  P  Q
M  I  L  L  I  O  N  S  B  P  B  S  D  X  A
R  N  S  E  C  N  E  G  R  U  S  N  I  A  S
I  X  Z  E  R  Y  T  H  R  O  C  Y  T  E  S
M  B  A  R  B  E  R  S  U  L  L  A  H  P  I
```

APPLIED	DROOPING	PHALLUS
BARBERS	ERYTHROCYTE	PIQUANCY
BEGRUDGES	GENIE	POUND
BESIEGERS	GINGIVITIS	ROISTERERS
BOGGED	INSURGENCES	SCALARS
CEDARS	LUSTED	SPATIAL
CREOSOTING	MILLIONS	
DEFORMITIES	MUTINIES	

Assorted Words 68

```
S  S  E  N  S  U  O  I  R  E  P  M  I  X  J
J  G  R  O  W  T  H  S  S  L  A  E  S  N  U
O  A  C  E  B  P  S  S  G  U  D  X  K  T  P
V  V  H  L  K  L  O  I  B  N  O  L  A  D  O
J  I  B  E  S  I  O  O  G  I  I  E  N  O  O
E  W  P  T  R  C  L  C  L  G  N  N  T  T  P
H  T  A  V  D  E  A  H  K  S  U  A  I  U  E
R  O  C  Q  D  M  B  O  T  H  Y  R  R  P  D
Y  I  E  Y  I  E  D  Y  N  A  O  L  D  Y  O
A  L  S  Z  S  T  N  I  R  P  E  U  L  B  L
K  E  E  G  Y  E  C  W  N  Q  T  D  S  O  O
X  T  T  S  C  R  P  A  O  G  P  Y  K  E  D
B  R  T  H  L  Y  O  Z  C  M  S  L  T  R  D
O  Y  E  E  Y  A  Y  G  R  I  M  I  N  G  B
S  Q  R  H  B  S  F  O  U  T  W  E  A  R  S
```

BINARY	DRUGGISTS	OPINING
BLOCKHOUSE	DUTEOUS	OUTWEARS
BLUEPRINTS	FALSELY	PACESETTER
CACTI	GRIMING	POOPED
CEMETERY	GROWTHS	SLOOP
DEATHLIKE	HEREBY	TOILETRY
DINGS	IMPERIOUSNESS	UNSEAL
DOLLY	JIBES	

Assorted Words 69

```
D  G  O  Z  Y  Z  Z  U  C  S  Y  S  K  Z  B
A  I  N  B  A  R  R  E  L  S  I  I  T  H  A
A  N  S  I  L  M  I  Z  E  N  K  G  E  A  A
R  N  O  E  L  E  P  N  A  H  T  N  E  C  L
A  J  O  O  M  O  V  L  T  R  J  I  N  K  I
B  P  D  M  C  B  H  I  I  E  T  F  A  S  N
E  M  A  F  A  O  O  N  T  T  R  Y  G  A  E
S  J  F  H  P  D  C  D  O  I  U  I  E  W  M
Q  V  C  O  Z  Z  S  T  Y  T  N  D  M  S  A
U  M  E  M  E  N  T  O  S  C  T  I  E  P  N
E  Z  I  T  E  B  A  H  P  L  A  U  F  S  G
R  A  L  N  A  M  S  D  R  A  U  G  B  E  L
G  N  I  T  A  I  R  P  O  R  P  X  E  X  D
C  O  N  T  E  N  D  E  D  L  E  F  U  V  O
R  L  G  A  O  L  S  Z  I  N  Q  U  I  R  E
```

ALPHABETIZE	CONTENDED	INTERIM
AMPLITUDE	DEFINITIVE	LINEMAN
ARABESQUE	DISEMBODY	MEMENTOS
BARRELS	EXPROPRIATING	NOMADS
BUTTONHOLING	GAOLS	SCUZZY
CEILING	GUARDSMAN	SIGNIFY
CLEAT	HACKSAWS	TEENAGE
COCOON	INQUIRE	

Assorted Words 70

```
O  F  N  N  T  Y  Y  R  K  C  I  M  M  I  G
S  H  C  R  O  P  P  I  N  G  M  U  E  K  T
D  C  Y  E  J  C  A  S  X  Z  R  S  Q  A  A
E  S  R  T  V  G  A  I  E  W  W  A  Q  B  I
S  T  R  Q  S  I  N  E  R  T  J  J  T  F  L
T  E  I  E  D  A  T  I  D  E  E  C  M  E  O
I  M  L  R  K  D  O  I  T  H  T  M  A  U  R
M  A  L  V  T  N  D  T  M  A  C  S  A  A  I
A  S  K  E  E  N  I  E  Y  I  C  R  I  G  N
T  S  I  Y  Y  D  O  H  U  F  R  I  A  W  G
I  A  Z  C  E  G  G  C  T  C  I  P  D  O  S
O  C  X  F  U  R  A  E  E  E  E  D  V  E  L
N  R  G  U  A  R  A  N  T  I  E  D  O  Q  D
S  E  V  I  T  A  R  O  T  S  E  R  K  C  A
W  G  N  I  W  O  L  L  A  W  S  C  F  B  W
```

ARCHDEACON	FREETHINKERS	SELVEDGE
CODIFY	GAMETES	SWALLOWING
CONTRITE	GIMMICKRY	TAILORING
CROPPING	GRATER	TOASTY
DEDICATING	GUARANTIED	WISTERIA
DEUCE	MASSACRE	
EMCEED	PRIMITIVE	
ESTIMATIONS	RESTORATIVE	

Assorted Words 71

```
B  X  M  A  S  Q  U  E  R  A  D  E  S  X  S
X  M  Y  Y  G  M  N  E  W  C  O  M  E  R  S
M  T  Y  L  L  Z  O  H  J  P  E  E  K  E  D
P  I  N  G  E  B  R  O  O  K  S  W  B  V  U
R  S  N  E  N  V  I  M  R  S  Q  Y  Z  I  N
S  E  H  I  M  I  I  G  I  G  T  J  U  L  A
D  E  L  A  S  L  Y  T  E  S  E  O  V  D  R
U  E  D  T  L  T  L  R  N  L  T  D  N  O  M
P  B  M  I  S  L  E  A  R  E  N  E  I  E  E
V  E  X  O  C  U  O  R  T  U  T  Q  R  R  D
R  U  I  O  T  E  R  W  S  S  H  T  W  S  B
L  Q  U  G  N  I  D  A  N  O  N  N  A  C  L
E  F  R  E  S  C  O  S  M  E  S  I  F  O  E
P  O  S  I  T  R  O  N  S  O  S  B  I  Z  U
R  E  L  B  A  U  L  A  V  N  I  S  B  S  C
```

ATTENTIVELY	HURRYING	PEEKED
BRIDEGROOMS	INSTALLMENT	POSITRONS
BROOKS	INVALUABLE	RUSTLER
CANNONADING	LEGIBLY	SHALLOWNESS
DECIDES	MASQUERADES	STONE
DEMOTION	MINISTERS	UNARMED
EVILDOERS	MISTERS	
FRESCOS	NEWCOMERS	

Assorted Words 72

```
E  C  S  R  O  S  S  E  C  E  D  E  R  P  X
T  L  X  T  S  L  S  G  Y  R  A  B  B  L  E
P  G  G  T  F  S  B  O  N  L  J  M  Q  V  M
D  Y  M  R  D  E  T  A  C  I  D  E  D  C  E
I  E  R  C  U  I  L  U  A  K  T  E  R  Y  V
I  V  D  A  H  G  R  C  C  M  I  I  X  N  P
R  Q  T  N  M  A  E  E  N  C  H  N  N  I  D
O  O  T  O  O  I  L  F  C  G  O  L  G  G  F
N  X  P  N  F  C  D  L  H  T  M  E  Y  U  I
C  A  V  I  A  R  E  E  E  V  E  J  D  R  O
L  I  B  Z  Y  I  R  S  S  N  Y  R  K  G  W
A  Y  L  E  U  Q  S  U  R  B  G  N  Y  L  C
D  M  O  R  D  N  A  N  C  E  M  I  S  I  H
S  C  A  I  N  O  M  U  E  N  P  I  N  N  X
O  F  F  E  N  S  I  V  E  N  E  S  S  G  K
```

BRUSQUELY	GURGLE	PREDECESSORS
CANONIZE	GURGLING	PYRAMIDES
CAVIARE	HOMEY	RABBLE
CHALLENGING	IGNITING	SECONDED
CLEFTS	IRONCLADS	SOCKING
DEDICATED	OFFENSIVENESS	STUCCOED
DIRECTER	ORDNANCE	
FIXEDLY	PNEUMONIA	

Assorted Words 73

```
K  Y  L  E  R  U  S  I  E  L  B  R  D  F  Y
Y  C  Y  L  E  S  U  T  B  O  Z  Z  C  J  O
G  F  A  N  X  X  D  S  U  B  L  I  M  E  R
S  N  I  T  O  H  R  E  Q  U  I  R  E  D  Z
H  B  I  S  T  I  S  F  Y  P  W  R  D  J  V
G  S  V  D  H  I  T  C  E  A  R  L  D  O  M
Q  N  E  P  I  I  T  A  O  W  R  V  E  G  R
S  R  I  T  R  L  N  U  M  P  T  P  P  C  E
E  E  E  N  A  R  S  G  D  R  E  N  R  S  Q
T  O  S  V  I  R  E  K  I  I  O  D  I  Z  U
T  S  U  S  I  R  C  S  C  I  N  F  V  X  I
A  U  T  V  I  E  G  E  T  A  U  I  E  N  T
B  T  Q  Y  T  S  W  A  X  U  B  H  Z  D  E
L  N  M  D  M  H  O  E  H  E  D  D  I  E  D
E  S  W  Z  Y  Y  P  F  R  C  G  Y  J  D  S
```

ATTITUDINIZE	FISHING	SCOPED
BACKSLIDING	LEISURELY	SETTABLE
CHAGRINING	OBTUSELY	SISSES
DEFORMATION	PRAYED	STYMY
DEPRIVE	REQUIRED	SUBLIMER
EARLDOM	REQUITED	
EDDIED	RESTUDY	
EXECRATES	REVIEWER	

Assorted Words 74

```
S  V  G  N  I  H  S  I  R  U  O  L  F  V  D
Z  T  G  N  D  A  I  N  T  I  E  R  W  Y  Z
H  M  N  N  I  U  S  E  K  O  M  S  B  T  E
Y  S  G  E  I  L  G  T  J  D  Y  K  R  U  I
P  L  T  F  M  Y  I  L  R  R  L  I  I  X  H
H  U  D  E  O  D  V  A  I  A  H  E  L  P  S
E  C  D  I  C  A  N  V  T  S  K  V  L  I  O
N  K  V  U  R  N  S  A  I  R  T  H  I  W  L
E  Y  S  R  E  O  A  S  M  D  U  E  A  L  I
D  E  O  C  V  T  L  L  E  M  E  C  N  N  G
C  J  R  C  F  H  S  F  K  T  O  D  T  S  A
A  U  B  B  L  E  E  P  Y  J  S  C  L  U  R
U  J  E  Z  I  R  O  G  E  T  A  C  Y  L  C
Y  G  T  O  I  N  T  U  I  T  I  O  N  H  H
O  C  C  L  U  S  I  O  N  S  L  L  L  E  S
```

ANOTHER	DAINTIER	INTUITION
ASSETS	DIVVYING	LANCETS
ASTRAKHAN	DUETS	LUCKY
BLEEP	FLORID	OCCLUSIONS
BRILLIANTLY	FLOURISHING	OLIGARCHS
CATEGORIZE	GLISTENS	SMOKES
COMMANDMENTS	HELPS	SORBET
CURTAILING	HYPHENED	

Assorted Words 75

```
V  Y  Y  C  D  B  X  G  H  C  U  O  T  E  R
X  A  D  A  A  P  S  D  N  E  T  R  O  P  K
D  P  M  N  H  I  A  D  E  I  S  P  O  I  B
Y  E  G  O  A  T  L  N  S  B  L  Y  F  J  X
N  O  B  N  U  H  N  O  A  E  A  B  A  P  B
S  O  A  I  I  L  V  E  H  C  H  T  B  R  E
L  N  S  Z  F  T  U  Z  T  C  E  C  I  A  B
O  Q  A  E  E  R  T  R  F  N  N  A  Y  N  B
C  O  U  I  S  V  U  O  A  L  O  A  S  S  G
O  Y  E  A  D  Y  P  S  L  L  A  C  L  O  P
W  U  F  O  S  I  C  K  R  B  U  U  S  E  K
E  Y  I  Y  L  H  R  I  C  I  I  B  N  I  M
E  E  Y  M  R  J  E  E  A  L  A  J  U  T  D
D  E  F  F  O  C  S  D  M  O  G  H  E  T  S
S  N  Z  R  H  G  N  I  T  R  E  V  N  O  C
```

BABBLING	DISCONTENT	PANACEAS
BIOPSIED	FLAUNTS	PORTENDS
BLOTTING	HAIRS	PSYCHES
BRAYS	HANDY	QUASHED
CALLS	LOCOWEEDS	RETOUCH
CANONIZE	MELANCHOLIA	SCOFFED
CONVERTING	MERIDIANS	TUBULAR
DEBATING	NOSES	

Assorted Words 76

```
E  X  S  F  O  R  W  A  R  D  N  E  S  S  J
F  I  R  R  I  N  G  G  Z  R  W  Z  G  H  G
Y  X  E  R  E  N  A  S  C  E  N  T  R  M  Y
B  E  G  T  Z  G  U  C  T  K  O  T  I  A  H
E  P  S  W  A  A  G  H  Y  E  L  O  E  C  C
M  D  P  I  I  P  B  A  S  E  S  T  V  E  O
B  E  E  U  H  Z  I  R  D  G  X  I  A  R  L
E  S  M  H  S  C  T  C  A  Y  T  B  N  A  O
L  N  W  I  S  O  N  O  I  V  T  F  C  T  R
L  D  N  B  S  I  D  A  D  T  O  U  E  E  A
I  V  C  U  A  T  R  L  R  C  R  U  O  D  T
S  X  E  D  I  D  Y  E  A  F  T  A  U  G  U
H  Z  X  O  F  D  B  P  P  P  S  O  P  A  R
E  A  S  T  E  R  L  I  E  S  U  I  I  V  A
D  Z  A  E  E  L  T  Z  D  N  M  C  D  E  S
```

BASEST	EMBELLISHED	PARTICIPATE
BRAVO	ENNUI	PERISHED
CHARCOAL	FIRRING	RENASCENT
COLORATURAS	FORWARDNESS	
DAGGERS	GOUTY	
DISFRANCHISE	GRIEVANCE	
DRAPED	MACERATED	
EASTERLIES	MISTYPE	

Assorted Words 77

T K M A N O P H E L E S R C C
R G S M A L D E B D H D O K B
E D D B A T S E R M O N S O O
L I N E Y C P Y F X H L P L I
I V O R D J H I N E M G N A H
E E I G S I W A R E C W K B M
F R S R R L L M T C E A K V F
T S Y I D T A L J T S R T G L
E I N S V E S R O H E U P E W
R F T X T D L R T C C R N J R
M Y K T H A A L E U N O B A D
I I N R N Z C F O T E M P O M
T N Q M O Y I B V R U N M E X
E G T M J S D L O C T E X D Z
S Y L E T A T S K B T V N F F

ADVISE	DEFECATE	NOISY
AMBERGRIS	DIVERSIFYING	PREEN
ANOPHELES	EPOCH	RELIEF
BEDLAMS	HANGMEN	SERMONS
BOBCATS	JILTED	STATELY
CHATTERBOX	MANUSCRIPT	TERMITES
COLDS	NEUTERS	TROLLED
COLLIDED	NEUTRALS	

Assorted Words 78

```
C G A D E F T L Y L A T S O P
C E A S F R A L C D F G K T H
S I C Z N S U C Y I W R I H A
T J T N B I E S T Y U E P I R
A Y I R E S G V O I D E P C M
B V O Q O R G N I L T D E K A
B F S M O N E N I G C I R E C
I V I A E S E F I V F E O R I
N V K S N S E L M V I R P U E
G O N T H G R Z L U A L B J S
S E G A R T U O N A C P T U G
C A A F E S A I G O R R Z U R
R E P R I E V I N G R S I C O
M A L A R K E Y L E F B I C U
S Y G H E I R L O O M S K S M
```

BRONZES	GORSE	POSTAL
CIRCUMFERENCE	GREEDIER	REPRIEVING
CITRONELLA	HEIRLOOMS	SANGUINE
CLOSURE	MALARKEY	SKIPPER
DEFTLY	OUTLIVING	STABBINGS
FACTITIOUS	OUTRAGES	THICKER
FISHTAIL	PAVINGS	
GIVES	PHARMACIES	

Assorted Words 79

```
I  R  T  E  Z  Y  L  L  A  D  Y  L  L  I  D
L  N  O  U  G  N  I  T  E  L  F  A  E  L  Q
Z  P  D  T  O  F  P  O  T  I  O  N  S  J  L
S  O  S  I  P  G  I  O  V  R  T  D  H  C  I
E  E  I  Y  G  I  N  F  N  X  D  Y  I  O  B
R  X  L  D  K  I  R  A  T  L  X  C  N  N  R
P  H  A  U  O  L  T  C  H  E  D  L  I  J  A
E  A  G  L  N  W  B  I  S  K  E  O  N  O  R
N  D  E  D  T  A  N  P  Z  E  C  N  E  I  I
T  M  D  R  E  A  R  S  E  I  D  I  S  N  A
I  B  N  G  N  H  T  G  C  E  N  N  S  S  N
N  W  S  N  C  N  S  I  R  A  L  G  R  U  B
E  Z  G  N  I  S  U  C  O  F  L  S  H  H  S
M  R  E  T  S  E  L  O  M  N  P  E  A  N  A
F  M  E  C  H  A  N  I  Z  E  S  C  D  C  V
```

ASLEEP	EXALTATION	MOLESTER
BURGLAR	FIFTEEN	POTIONS
CLONING	FOCUSING	SERPENTINE
CONJOINS	GRANULES	SHININESS
DESCRIPTOR	HANGOUT	SILAGED
DIGITIZING	LEAFLETING	
DILLYDALLY	LIBRARIAN	
DOWNSCALED	MECHANIZES	

Assorted Words 80

M B S R E Z I G R E N E I N D
X K Y S G Y L I D W A B K S U
L C F T Y N K S E L F F A W B
G N O B W A I L V T I Q N X Q
X N O M R F J P U P C S F C U
Z S I I M O B E P B I H I N A
E Y A Y T I O R E A O K N X I
A P L Y S R S K I D R Y E X L
L R A L A A E S N C N T S D I
O S E U U P T S I H K X S R N
U H Z I L F A N E O T I I M G
S A P A G E T P A D N H N N F
L P W U O A T I I H H E G G K
Y E Y V T M C T F Z P M R U Z
G N I K N I H T E R D B H S O

BAWDILY   ENERGIZERS   QUAILING
BRICKING   EPAULETTE   RETHINKING
BROOK   FINESSING   SHAPE
BULKY   FITFULLY   STRAPPING
CAGIER   OUGHT   WAFFLES
COMMISSIONERS   PAPAYAS   ZEALOUSLY
DEEJAYS   PHANTASYING
DESERTION   PIKED

Assorted Words 81

```
C  B  K  Y  P  G  M  T  P  X  P  A  I  J  R
D  R  D  D  S  T  N  O  A  A  E  F  N  K  E
D  I  A  I  B  E  V  I  R  F  C  I  P  A  F
S  E  S  D  V  R  T  D  D  T  F  A  Y  M  E
D  F  T  T  E  E  T  A  E  E  S  E  N  V  R
I  E  H  S  A  T  R  C  E  T  E  L  T  R  E
O  R  T  S  U  N  I  S  E  N  P  D  E  A  N
C  J  A  E  E  R  T  S  E  R  I  E  Q  A  T
W  I  K  F  K  O  C  P  O  L  R  L  C  C  M
A  Z  T  R  K  N  H  J  M  P  Y  O  E  X  Q
S  S  X  O  S  L  A  S  U  O  R  A  C  D  E
S  C  G  N  I  G  A  L  F  U  O  M  A  C  L
A  F  V  C  C  D  R  U  B  B  I  S  H  Y  C
I  W  M  I  N  C  I  N  E  R  A  T  E  A  V
L  I  U  R  V  A  Z  D  E  H  C  T  A  M  K
```

BLANKETED	DISTANT	REFERENT
BRIEFER	DIVERSELY	RUBBISHY
CAMOUFLAGING	EXCEPTED	SHOES
CAROUSALS	IDIOTIC	TAFFETA
CORRECT	INCINERATE	WASSAIL
CRUSTED	MAELSTROM	
DEEDING	MATCHED	
DELINEATES	POSITED	

Assorted Words 82

```
Y  L  T  N  E  C  I  F  I  N  G  A  M  G  V
M  G  V  M  C  M  H  A  R  E  I  W  O  N  S
I  R  R  E  P  R  E  S  S  I  B  L  E  C  D
C  P  S  C  H  V  E  T  O  H  G  G  C  K  I
R  L  H  O  O  C  S  E  S  O  M  S  O  C  S
O  U  A  N  G  M  T  D  P  V  C  O  M  A  J
F  R  M  T  S  N  B  E  E  I  I  R  M  Y  O
I  A  R  R  O  M  Y  A  R  T  E  E  O  V  I
C  L  O  I  G  F  Q  V  T  T  I  S  D  K  N
H  I  C  B  Y  N  L  N  L  A  S  M  E  O  T
E  Z  K  U  C  H  I  P  M  U  N  K  S  O  I
S  E  X  T  E  M  I  G  R  A  N  T  C  N  N
P  D  I  I  D  F  O  O  N  C  A  F  I  A  G
H  R  I  N  D  I  N  G  L  I  Q  B  W  J  B
T  A  L  G  V  X  D  T  E  S  D  A  E  H  J
```

BACKSTRETCH	DISJOINTING	RINDING
CHIPMUNKS	EMIGRANT	SHAMROCK
COMBATANT	FASTED	SMITE
COMMODES	HEADSET	SNOWIER
CONTRIBUTING	IRREPRESSIBLE	SORES
COSMOSES	MAGNIFICENTLY	
CREEPIES	MICROFICHES	
DINGING	PLURALIZED	

Assorted Words 83

```
A  G  F  S  S  M  N  O  R  F  F  A  S  C  G
H  R  I  M  D  S  U  O  C  J  B  N  I  U  R
X  O  A  C  U  E  E  S  R  E  L  A  E  S  E
E  O  O  E  Q  R  Y  N  S  L  O  X  L  G  T
E  D  V  T  D  D  K  O  E  O  F  Q  V  E  E
H  S  S  N  V  I  E  I  J  L  P  I  E  N  N
U  T  A  E  G  Z  T  S  N  N  T  B  X  E  T
Y  H  R  B  L  Z  G  A  S  E  E  T  C  R  I
O  R  W  I  E  I  S  N  B  O  S  E  I  A  V
A  I  U  R  B  E  T  H  I  L  R  S  S  L  E
S  L  P  K  I  D  R  N  A  O  E  G  I  I  N
R  L  I  P  E  O  L  F  E  P  D  H  N  Z  E
C  O  N  S  O  R  T  I  N  G  E  E  G  E  S
P  R  E  S  A  G  E  S  H  H  H  D  R  A  S
N  L  D  G  P  M  D  E  K  C  O  T  T  U  B
```

BUTTOCKED	FREEBASE	REDOING
CHILDBIRTH	GENERALIZE	RETENTIVENESS
CONSORTING	GENTILES	RIOTS
DIZZIED	LITTLENESS	ROODS
EDITABLE	MURKINESS	SAFFRON
ENGROSSED	PINED	SEALERS
ENJOYED	POSSUM	SHAPED
EXCISING	PRESAGE	THRILL

Assorted Words 84

```
T  S  E  L  L  U  F  E  R  A  C  U  O  O  X
E  T  A  G  I  T  S  E  V  N  I  K  G  U  R
R  P  R  Z  S  G  G  N  I  N  W  A  R  P  I
E  L  E  A  N  P  O  L  E  S  T  A  R  S  P
D  A  C  D  D  E  T  T  I  P  W  K  G  V  P
W  Y  M  M  U  I  D  P  A  S  S  A  B  L  E
O  A  B  I  O  G  R  A  P  H  E  R  S  S  R
O  C  K  R  V  T  I  W  C  H  A  S  E  R  S
D  T  S  E  Y  D  P  R  E  A  M  B  L  E  D
D  O  K  R  K  A  M  O  H  P  M  Y  L  W  K
F  D  G  L  Y  C  O  G  E  N  L  O  I  B  B
L  X  D  I  S  P  O  S  S  E  S  S  I  N  G
G  I  N  G  E  R  S  N  A  P  M  F  R  G  H
V  Y  F  G  N  I  P  U  O  R  G  H  C  L  R
E  X  P  O  S  T  U  L  A  T  I  O  N  N  J
```

ADMIRER	GINGERSNAP	POLESTARS
BIOGRAPHERS	GLYCOGEN	PRAWNING
CADENZAS	GROUPING	PREAMBLED
CAREFULLEST	INVESTIGATE	REDWOOD
CHASER	LYMPHOMA	RIPPERS
DISPOSSESSING	PASSABLE	
DOGIE	PITTED	
EXPOSTULATION	PLAYACT	

Assorted Words 85

```
G N I P P A N D I K V U E S N
N C T Q P A T R O N Y M I C M
S O O S S E L E R U S A E M E
S U I X L U D E R O B A L I S
D E O S N B U R L I N E S S S
I G T T S O T R A W J W S S E
S A A A I E I X S Y O W P P N
C N X V C U R T G E K U I E G
I G O G I I Q P A Q L C O N E
P L N R R T L I X R E F A D R
L I O P O M A P N E B E I B S
E O M K Q U I M M I N E D R Y
S N I J N Q Q O I I G V L Q I
T S C L T N O I S N E L C E D
U M T N E C S E L A P O K E C
```

BACKYARD	IMPLICATES	OPALESCENT
BURLINESS	INIQUITOUS	PATRONYMIC
CELEBRATION	KIDNAPPING	RIFLES
DECLENSION	LABORED	TAXONOMIC
DENIM	LIQUOR	VITAMIN
DISCIPLES	MEASURELESS	
EXPRESSION	MESSENGERS	
GANGLIONS	MISSPEND	

Assorted Words 86

```
D C A S W S T P I R C S N O C
T N O W O Z R S K E E W M K B
G P P N M A N U I I W I I U U
P I R N V S A F O G R F S G N
J A Y E E E C F I F O S I S D
W G R R M M R I Z D N P D N E
R C R I E A E G S U G M E Z R
I O A I N C T L E L E E N P S
T N X R N G F U F N D H T L T
H D H U O N S C R I T A I E U
I O N P B L E D R E R F F A D
N N A K L R E D N U L B I K Y
G R O W E R S R K E D Y E I I
A O G N I F R U S I M E D N N
Y T I L I B A T E K R A M G G
```

AMENDS	FIDGETED	PARING
BLUNDER	FOURS	PREMATURELY
CAROLERS	GRINNED	RIFLEMEN
CONDO	GROWERS	SURFING
CONSCRIPTS	LEAKING	UNDERSTUDYING
CONVERGENT	MARKETABILITY	WEEKS
CRUDE	MISIDENTIFIED	WRITHING
ENNOBLE	NACRE	WRONGED

Assorted Words 87

```
R  M  I  T  I  G  A  T  I  N  G  S  J  L  V
E  T  P  L  A  Q  T  I  N  N  I  E  R  U  C
G  S  E  R  I  U  F  I  N  E  S  E  P  B  O
R  R  T  N  O  N  D  S  G  E  I  O  Q  R  N
E  A  U  C  R  C  K  A  D  Z  R  C  I  I  G
S  R  O  T  A  I  L  I  C  N  O  C  N  C  E
S  E  S  T  E  H  A  A  N  I  A  R  G  A  N
I  A  Y  A  X  T  A  H  M  G  O  T  F  T  I
O  L  N  R  A  S  Z  F  U  A  X  U  Y  E  A
N  I  D  T  C  O  P  U  L  A  T  E  S  S  L
S  Z  R  E  T  P  P  M  L  A  H  I  E  L  L
I  I  O  S  L  C  P  E  E  C  V  N  O  E  Y
G  N  M  T  Y  I  G  C  O  T  N  O  Q  N  F
Z  G  E  D  G  R  O  U  N  D  E  R  R  I  S
W  I  R  C  B  U  S  F  W  M  T  S  B  S  M
```

ANCIENT	FOILED	REALIZING
AUDACIOUSLY	GRAIN	REGRESSIONS
CONCILIATORS	GROUNDER	SYNDROME
CONGENIALLY	HAIRNET	TARTEST
COPULATES	LINKING	TEMPS
EXACTLY	LUBRICATE	TINNIER
FINES	MITIGATING	
FLAVORS	PROCLAMATIONS	

Assorted Words 88

```
L  W  A  I  S  T  E  D  L  A  B  E  I  P  R
M  I  G  Y  R  E  G  G  U  D  L  U  K  S  R
E  Q  C  N  T  U  D  U  P  A  U  S  E  S  E
T  U  D  E  I  P  I  F  C  A  N  D  O  R  V
A  O  R  I  N  N  O  Z  D  L  D  F  I  K  E
S  T  A  U  S  T  I  P  T  E  E  I  U  A  R
T  I  W  N  L  C  I  A  A  O  R  F  U  H  B
A  E  L  F  I  Z  O  A  R  Q  B  O  Q  C  E
S  N  E  W  P  Q  A  L  T  T  U  R  D  K  R
I  T  D  I  S  Y  E  Y  O  E  S  I  U  A  A
Z  S  L  L  A  T  S  A  C  R  S  N  N  T  T
I  B  Q  V  G  L  I  M  P  S  E  D  O  G  E
N  E  T  Z  B  G  C  O  M  E  S  D  E  C  S
G  C  O  R  R  U  G  A  T  I  O  N  K  D  A
J  Z  Q  Y  L  S  U  O  U  C  O  N  N  I  L
```

ADORED	GLIMPSED	REVERBERATES
BLUNDERBUSSES	INNOCUOUSLY	SKULDUGGERY
CANDOR	LICENTIATE	SLIPS
COMES	METASTASIZING	STALLS
CONSTRAINING	OPAQUING	TURBOT
CORRUGATION	PAUSES	WAISTED
DISCOLORED	PIEBALD	
DRAWLED	QUOTIENTS	

Assorted Words 89

```
S  S  A  N  T  I  C  K  I  N  G  M  I  Z  P
C  N  M  A  N  C  I  E  N  T  E  S  T  V  A
J  H  O  O  E  Y  T  D  E  N  I  L  C  E  R
Q  S  X  R  S  K  T  S  B  J  H  P  V  K  A
U  D  E  S  T  I  N  E  S  A  Z  Z  M  I  M
E  D  Z  S  E  W  X  B  L  R  N  M  D  T  E
E  E  F  F  E  C  T  I  V  E  E  K  T  L  T
N  V  C  U  M  N  S  K  R  Y  X  D  E  H  E
L  I  X  N  S  D  O  A  R  E  T  I  I  R  R
I  D  F  O  E  C  E  R  V  O  K  R  N  C  S
E  E  C  B  H  I  T  P  E  I  W  S  O  G  H
S  N  C  F  Z  H  C  I  L  P  O  E  I  P  F
T  C  U  L  F  F  G  S  J  A  A  U  R  H  S
D  E  N  E  H  T  G  N  E  L  N  H  R  I  W
Z  D  T  D  W  C  D  I  S  U  S  E  C  S  F
```

ANCIENTEST	EFFECTIVE	RECLINED
ANTICKING	ESTEEMS	SAVIOURS
BANKERS	EVIDENCED	SCIENCE
CHAPERONES	FIREWORK	SNORT
CIDERS	HOOEY	SPORTY
DEPLANE	LENGTHENED	TELEXING
DESTINES	PARAMETERS	WHISKER
DISUSE	QUEENLIEST	

Assorted Words 90

```
N T D N W Y D M U T I N I E D
D N S N R I S E H C T A W S L
I E X E U E N S F W B G A K M
N E K A I O K I E E P E L J S
T Z T L I P P A T V I L Q R X
E T H A A C A O M I I R E C M
R X Y B R H E O R W A R B K J
M Q M I T E C C S P A T D E J
I R I I I B V G A N G L I A D
N N M I F Y M E S P F F Q O C
G E M S I C I S S A L C O F N
L Y U C C U T B A S E N E S S
E A F T E R M A T H A V A N I
S H V R S E R U T R A P E D Y
C I H P Y L G O R E I H D H F
```

AFTERMATH
ARTIFICES
ASSEVERATE
BASENESS
CHALKED
CLASSICISM
DEBRIEFED
DEPARTURES

DRIVES
GANGLIA
HIEROGLYPHIC
ICECAP
INITIATION
INTERMINGLES
LAWMAKER
MUTINIED

PROPOUND
SOAPIEST
SWATCHES

Assorted Words 91

```
R  L  G  L  F  S  E  A  R  T  H  W  O  R  K
B  D  N  A  B  A  R  T  N  O  C  I  P  Z  M
I  N  C  H  O  A  T  I  N  G  U  Q  B  U  F
D  S  N  W  O  D  K  C  A  R  C  C  H  D  W
G  I  U  R  V  W  F  D  P  H  O  B  F  O  Q
G  N  E  L  E  A  F  I  E  R  C  P  P  M  G
D  A  I  H  M  I  B  H  B  C  P  M  A  I  E
C  U  N  T  T  O  R  D  L  D  L  W  R  N  X
A  S  M  G  P  R  C  E  U  M  E  R  T  A  P
U  L  B  B  L  M  A  V  E  Z  Q  I  O  T  E
B  E  L  J  F  I  E  P  J  H  C  G  O  E  L
K  A  G  I  M  O  O  T  A  N  C  G  K  S  L
X  Z  F  K  V  B  U  N  Y  F  P  L  C  H  E
P  E  N  T  A  G  O  N  S  X  J  Y  Y  I  D
Q  S  K  M  V  G  E  O  D  E  S  I  C  W  A
```

APARTHEID	EARTHWORK	SLEAZES
ARMCHAIRS	EXPELLED	TEMPTING
BLUEJAYS	GANGLION	VILLA
CHEERIER	GEODESIC	WRIGGLY
CONTRABAND	INCHOATING	
CRACKDOWNS	LEAFIER	
DOMINATES	PARTOOK	
DUMBFOUND	PENTAGONS	

Assorted Words 92

```
H  W  D  N  A  C  I  L  P  I  T  L  U  M  K
E  S  S  N  O  I  T  A  R  T  E  P  R  E  P
H  A  L  N  A  I  T  S  U  F  D  B  T  R  Q
M  F  Y  N  O  I  S  S  I  M  O  V  D  A  A
I  N  C  G  N  I  T  C  E  F  N  I  S  I  D
L  P  O  P  S  L  T  U  J  T  C  B  Q  S  R
I  R  N  I  R  S  Y  A  R  G  A  Q  R  E  A
T  O  C  C  T  A  E  N  L  E  L  R  W  D  N
A  T  R  V  A  E  W  N  C  U  K  V  Y  S  G
T  R  E  I  C  V  L  N  N  H  T  O  R  G  I
E  U  T  Z  A  H  E  P  S  I  E  I  O  D  N
S  D  I  I  L  L  J  R  M  O  H  D  P  H  G
K  E  N  E  Y  Y  R  A  N  O  I  T  U  A  C
K  D  G  R  X  T  H  U  G  S  C  Z  W  G  C
L  B  Q  U  A  D  R  I  P  L  E  G  I  C  S
```

CALYX	GRAYS	PRAWNS
CAPITULATIONS	GYRATES	PROTRUDED
CAUTIONARY	HOOKER	QUADRIPLEGICS
CAVERNS	LYNCHED	RAISED
COMPLETION	MILITATES	RANGING
CONCRETING	MULTIPLICAND	THINNESS
DISINFECTING	OMISSION	THUGS
FUSTIAN	PERPETRATION	VIZIER

Assorted Words 93

```
X  S  E  M  O  N  E  G  Y  X  O  M  M  U  L
V  X  D  D  D  D  S  Z  L  A  S  T  S  E  W
I  N  V  O  K  E  E  E  I  O  L  H  E  E  E
N  C  B  D  F  S  T  T  I  C  P  P  R  H  J
S  C  P  G  S  J  H  A  N  U  A  P  S  A  V
T  C  A  C  L  E  G  T  D  A  Q  R  I  I  K
R  M  I  P  O  G  I  N  H  I  L  E  T  N  D
U  R  U  B  S  N  I  K  I  G  U  P  S  S  G
C  Y  Q  I  D  U  V  E  S  T  I  Q  P  B  O
T  Q  E  W  P  E  L  O  T  U  A  E  I  U  O
O  D  Z  C  U  O  N  E  K  I  H  R  G  L  S
R  P  H  O  E  B  E  W  V  E  D  M  C  Y  W
S  A  X  L  Y  R  A  M  O  T  S  U  C  L  C
D  E  T  R  E  S  N  I  E  R  G  V  R  T  Z
X  S  R  E  H  S  A  M  R  O  F  N  I  E  T
```

CAPSULE	GENOMES	MASHERS
CONVOKES	GLOPPING	OBSEQUIES
CRATING	HUSKIES	OPIUM
CUSTOMARY	INFORM	OSTRACIZE
DISPLAY	INSTRUCTORS	PHOEBE
EIGHTH	INVOKE	REINSERTED
ERUDITE	LIQUIDATED	SUPPLANTED
FROWNED	LUMMOX	WESTS

Assorted Words 94

```
G S E Z I S N W O D H R Z E G
K D O W N S C A L I N G Z A B
I V D H S O N O N F A T A L U
N U S S E L R E E H C Q C I N
F C S G J J A V K Z F B A V O
O U L P Z W S R E I N K M E B
M O C B J C J D I H C N J L S
E D I S C O E D O M C K I I E
R G X Y K R I H S W D R Y H R
C O R N D D G B M O N A Z O V
I R L E D I S S I N G S N O A
A A Z J M T U R N I P S I D N
L O R G D E Z I S N W O D Z C
S H Y D R O E L E C T R I C E
Y R E W E N A I D R A U G R S
```

ADMIRALS	DOWNSIZED	NONFATAL
CHEERLESS	DOWNSIZES	OBSERVANCES
CHEVRON	EMERGE	SHIRK
CORDITE	GUARDIAN	TURNIPS
DISCOED	HYDROELECTRIC	
DISSING	INFOMERCIALS	
DOWNSCALING	KICKY	
DOWNSIZE	LIVELIHOOD	

Assorted Words 95

```
S  E  V  I  T  A  C  I  D  N  I  L  P  W  S
M  H  C  S  X  D  W  J  M  D  J  S  L  F  P
U  A  J  W  F  R  I  N  U  A  E  E  A  X  U
I  D  S  G  E  X  X  S  H  S  S  K  C  V  M
R  Y  Q  S  C  S  B  K  M  B  C  T  K  V  O
E  S  P  R  E  S  I  C  N  O  C  W  E  M  N
M  F  I  S  S  D  P  S  K  L  U  H  T  R  I
A  G  O  B  B  L  E  D  Q  K  T  N  S  Y  S
R  P  N  R  L  A  P  F  I  D  G  E  T  E  D
K  F  E  F  C  H  D  E  K  O  O  R  B  E  D
A  J  E  E  N  I  W  O  L  F  E  B  Z  G  D
B  K  R  G  Z  T  B  O  O  G  D  M  H  L  R
L  X  E  U  N  G  Q  L  M  L  A  Y  P  U  B
Y  U  D  C  A  E  R  Q  Y  U  F  E  F  L  L
K  C  G  R  A  C  E  F  U  L  L  E  R  E  H
```

BROOKED	GOBBLED	REMARKABLY
CONCISER	GRACEFULLER	SPUMONI
DISMOUNTED	HULKS	
EAGLE	INDICATIVES	
FECES	MASSED	
FIDGETED	MASTERS	
FLOOD	PIONEERED	
FORCIBLY	PLACKETS	

Assorted Words 96

```
M  C  N  U  H  O  V  E  R  S  H  A  D  O  W
W  A  R  T  H  O  G  N  I  L  F  I  T  S  F
Y  S  N  I  F  F  I  N  G  O  U  D  L  C  A
L  T  Z  G  D  A  D  T  I  R  H  R  L  R  L
C  U  I  Y  N  T  I  E  X  P  I  A  T  E  S
R  T  F  C  Y  I  S  N  R  Z  P  H  S  A  E
S  E  N  T  A  R  T  I  O  E  E  A  T  M  H
C  M  M  O  S  C  T  C  S  M  P  E  M  E  O
U  P  S  E  I  U  I  S  I  S  U  M  G  D  O
F  L  G  R  H  S  R  P  I  R  I  E  A  J  D
F  A  G  T  U  P  R  T  S  M  T  C  N  P  S
L  T  N  O  N  O  S  E  R  S  E  R  P  S
E  E  F  N  V  Y  Y  A  V  I  E  H  N  A  M
D  S  D  I  O  L  A  K  L  A  D  P  C  O  N
I  J  P  U  C  K  I  S  H  B  U  D  X  O  C
```

ALKALOIDS	MAPPING	SCUFFLED
AVERSION	NARCISSIST	SNIFFING
BLASPHEMER	OVERSHADOW	STIFLING
CHEMISTRY	PAMPERED	TEMPLATE
CONSTRICTING	PERSPICACITY	WARTHOG
DISTRUSTFUL	PNEUMONIA	YOURS
EXPIATES	PUCKISH	
FALSEHOODS	SCREAMED	

Assorted Words 97

S	Y	S	R	E	T	N	E	S	S	I	D	Z	S	Q
N	N	B	D	J	K	S	G	Z	G	F	F	I	U	R
S	O	Y	A	E	X	A	V	C	A	N	V	R	P	E
L	N	Y	D	R	L	H	C	B	C	V	I	C	R	C
O	P	O	R	R	R	I	O	P	B	F	N	O	I	O
F	A	V	I	E	A	I	F	C	U	N	U	N	G	N
B	R	I	S	T	K	T	E	E	R	C	M	I	H	S
S	E	X	Y	C	C	O	C	R	R	A	P	U	T	I
R	I	E	Y	U	E	A	O	Q	O	N	P	M	S	D
Y	L	L	L	U	A	Q	F	C	W	I	G	P	Y	E
O	B	S	C	E	N	E	R	E	I	S	W	M	I	R
H	L	D	E	R	U	T	R	U	N	F	L	U	M	E
S	S	E	N	E	D	U	R	C	G	E	L	E	K	D
L	M	A	D	E	Z	O	D	L	L	U	B	V	K	P
Q	Y	O	X	Q	W	J	U	S	T	I	F	I	E	S

BARRIER
BENEFACTIONS
BULLDOZED
BURROWING
COCCYXES
COOKERY
CRAPPIE
CRUDENESS

CUPCAKE
DISSENTERS
FLUME
GOINGS
JUSTIFIES
NONPAREIL
NURTURED
OBSCENER

RECONSIDERED
REFILED
TARDY
UPRIGHTS
ZIRCONIUM

Assorted Words 98

```
R  B  K  T  S  S  E  N  I  H  S  A  L  F  S
N  E  U  R  E  U  T  Y  X  X  D  O  I  G  R
H  G  I  S  S  R  R  O  W  K  I  M  R  O  H
I  U  N  R  H  N  A  O  O  S  S  G  B  I  U
N  E  Y  I  E  W  E  W  T  F  M  C  V  L  M
T  T  Y  L  K  T  H  T  A  V  A  L  J  L  I
E  N  N  A  E  A  T  A  S  Z  N  U  G  U  L
R  X  W  E  T  V  H  I  C  I  T  M  A  M  I
L  P  H  A  M  I  I  S  J  K  L  P  R  I  A
A  Y  S  I  R  Y  M  S  D  R  E  E  B  N  T
N  T  T  E  B  M  A  E  S  N  D  D  L  E  I
D  Z  C  V  D  I  S  P  L  E  A  S  E  S  O
F  K  E  O  X  I  T  G  M  E  S  H  D  L  N
R  A  N  K  L  E  U  O  M  T  S  B  Q  S  R
M  A  N  T  L  I  N  G  R  N  A  S  O  C  Z
```

AWARE	GARBLED	MANTLING
BUSHWHACKED	GUIDES	OBSESSIVELY
CLUMPED	HANDSHAKING	PAYMENT
DISMANTLED	HINTERLAND	RANKLE
DISPLEASES	HUMILIATION	TIMELESS
EXHIBITOR	ILLUMINE	TORUS
FLASHINESS	JITTERIER	WARMS
FOOTS	LISTENS	

Assorted Words 99

```
B  T  S  H  T  I  M  S  E  D  A  S  U  R  C
E  C  R  O  C  K  C  S  E  S  R  E  V  E  R
M  O  Q  S  Z  B  M  A  R  T  I  N  E  T  M
V  N  I  L  P  L  E  A  S  I  N  G  S  C  L
R  J  L  B  A  Y  F  V  S  E  F  A  R  T  S
D  U  B  C  Z  J  L  G  M  J  E  S  P  O  Z
F  N  M  H  J  V  O  I  A  Y  O  T  H  C  C
M  C  O  S  T  I  N  G  K  W  T  G  A  W  D
U  T  V  S  R  E  V  I  H  S  K  H  V  O  U
D  I  S  L  I  K  E  S  P  O  U  S  I  N  G
D  V  S  R  E  T  P  M  O  R  P  H  X  C  E
L  E  X  T  F  W  L  A  I  B  U  N  N  O  C
E  S  U  O  L  U  D  N  E  P  C  K  A  N  J
Y  L  L  A  T  N  E  D  I  C  N  I  R  Y  H
S  D  I  O  R  O  E  T  E  M  I  B  I  E  W
```

CONJUNCTIVE	GOATEES	PLEASINGS
CONNUBIAL	HUSKILY	PROMPTERS
COSTING	INCIDENTALLY	REVERSES
CROCK	MARTINET	SHIVERS
CRUSADES	METEOROIDS	SMITHS
DISLIKE	MUDDLE	STRAFES
ESPOUSING	MYTHIC	
GAWKS	PENDULOUS	

Assorted Words 100

```
H Y L B A R A P E S N I Q L Z
M I L D E W S T J P C M G I N
O X G L D U G N I H S U P T A
F X E N Z X S E O I S W O O P
S X G N I G D U N I N R E H A
C S D Q O T T R R I T D E U L
R I U E Y T I W E P P I E R M
A S D G L T R D J L S A N E E
M S L R N D I E A B E N R G D
M I L O A I N N D R T D O D I
E E D Q B G P U U N T A O S N
D S P F O M E P R S U X Z Y K
R Y C O M P A R A T I V E L Y
S R O M A N E G F H K D S P V
P Q P B J I M P E A C H E S W
```

CHAPPING	IMPEACHES	RAPINE
COMPARATIVELY	INDEED	REGARD
DINKY	INSEPARABLY	SCRAMMED
DISUNITY	MILDEWS	SISSIES
ENAMORS	NAPALMED	SWOOP
EXTRADITING	NUDGING	TRUNDLED
GAMBOL	OOZES	UNDERTONE
IGNITIONS	PUSHING	USURPS

Solutions:

Puzzle # 1
ASSORTED WORDS 1

	Y	L	B	A	V	I	E	C	N	O	C	N	I	
M	Y	T	I	R	U	C	E	S	N	I				
A			M			E	R	O	T	I	C	A	P	
N		D		D	U			S	Y	L	P	H	S	O
F		W	E		E	T	I	T	E	P	P	A	C	S
U		E	F	T	D	R	A			S			O	T
L	G	L	V	A	A	E	U	R	N			I		M	P
L	I	L			I	R	G	G	T	R	O			R	R	O
Y	N	E			D	R	E	A	P	E	T			A	N
	G	R				N	O	R	M	A			W	D	E
	H	S				E	W	G	A	C			E	D
	A	H	O	L	D	I	N	G	S	E	D			S	N
	M			E	C	H	E	L	O	N	S			
					H	O	L	D	O	V	E	R	S
					E	L	A	C	S	N	W	O	D

Puzzle # 2
ASSORTED WORDS 2

		S	N	A	I	L	A	N	A	H	C	C	A	B
	D		E		S		E	H	A	S	S			
	P	I	M	T	S	K		V	C	M	Y	U		
	U		S	A	A	E	E		I	R	T	A	R	
	B		D	M	N	N	R	E	L	T	A	A	T	C
P	L		E	E	I	N	I	E	L	I	A	E	O	S
R	I	J	P	D	O	S	E	M	F	S	E	T	S	B
O	C	P	A	G	U	E	S	Q	O	R		G	E	
T	I	I	R	Z	N	T	D	A	U	B	E	R	E	
R	S	T	T		Z	I	I	I	L	I	A	T		S
A	T	C	U			Y	H	T	V		N		N	
C	S	H	R				S	L			S			I
T		M	E					U	A					
E		A	S		N	A	I	R	A	R	B	I	L	
D	G	N	I	K	C	E	P	N	E	H	B			

Puzzle # 3
ASSORTED WORDS 3

M	O	T	P	M	Y	S	C	A	R	D	I	A	C	
			P		H	L		O				S		
			R		E	B		C			N			
Y		T		L	O	D	A	A			K		A	
P	F	E	S		A	C	E	D	I		P	K		O
L		I	S	E	C	N	E	D	I	C	N	I	O	C
E	P	R	L	A	L	H	O	S	A	E	O	E	T	T
N	R	E	H	P	R	A	C	G	S	S	S	S		O
T	U	F		E	M	E	M	O	A	E	U	T		P
I	D	R			L	I		S	O	T	S	R		U
F	E	E			O	S		I	M	N		C	S	
U	N	S			H	A	T	R	E	D	S	E		E
L	C	H	E	K	I	R	T	S	E			P	S	
L	E	E			D	E	H	G	I	S	V			
Y		S	I	N	G	U	L	A	R		O			

Puzzle # 4
ASSORTED WORDS 4

	O			M	U	D	S	L	I	N	G	E	R	
	V			Y	B	U	S	H	I	N	E	S	S	
S	E	I	N	O	L	E	F	S	O					
	R				O	E	G		T	B				S
	A	H			O		T	R		I	O			H
C	G		C		D		B	U	A		G	I		I
A	E			E	L		H	U	L	N		M	N	N
N	S	R	E	P	E	E	W	S	R	O	T	C	A	G
T				S	L			A	B	S				L
I				S				M	L	B				I
C	H	A	L	L	E	N	G	I	N	G	S	E	A	N
L					D	I	V	E	R	G	E	D	G
E				M	E	A	D	O	W	L	A	R	K
S	Y	T	I	N	A	M	U	H	N	I			
				H	I	G	H	L	A	N	D			

Puzzle # 5
ASSORTED WORDS 5

```
    D I T E R A T I O N       P
Y L T N E L O S N I       S A
E   S   S     K C E N D E R
  R E I G N I T A O H C N I E
D   U L N U   H             Z N
  E   T A D L S C           U T
P   T   A H E S D N         R H
H     C   N W E S N A P X E E
O B U X O M E R D     A R     S
T   R     C   D     S     S F   I
O       E     N O T U F     N Z
N         A S R O S I V I D     E
S             T       C         D
            C H O P P I E S T
            A V E R R I N G
```

Puzzle # 6
ASSORTED WORDS 6

```
I   S S H A Y L L U F Y O J F
N D   E K C M L O V I N G S I
T E R U T C N U P U C A   I R
E R T   N A A I S         G E
R I   A S O L B F E       H S
R S   E D E I U H   M     E T
A I F   L O T T C C   E   D O
C V E     B M T A R N   N   R
I E A       I M E C I U   T M
A   T       G O K I C H     S
L   U P O L E M I C S L
    R E I L B M U R C I P
D E L B B I N       I A D U
    D     F R I Z Z E D       D
E L E C T R I C I T Y
```

Puzzle # 7
ASSORTED WORDS 7

```
            G N I T S I O H
          C R U D E N E S S
    E   C O L T I S H A
D P C   A       C E   I
  O   N T B   Q R   O   F
I S   W E   Y   U O   V   E
N T L E D I   S M A C   L   D
S E S A L E D   M   C N   A
T D N   N L G E Y A   K A   S
A A     G I N B   L     R
N C       Y N A O   L
C K         G H S   Y
I I   S E D A U S S I D
N U N I T Y S E V R A W D
G   G   S L A U X E S O M O H
```

Puzzle # 8
ASSORTED WORDS 8

```
O       D P   S Y E K S S A P
G       S E I F I T C U R F
R         R H S E R V A N T
E P         A S E I F F I J
S S M U D G E S N D
S E T A L U T A R G N O C
A L I   L         E E
L I   C   C         S I
T C     N   G N I R O M R A
P E     D E O D O R I Z E D F
E N     D E C O M P O S I N G
T S G Y R A T E D     M
R E U S H E R E D V E S S E L
E E M O S N E D R U B       I
  S       N O I S R U C N I G
```

Puzzle # 9
ASSORTED WORDS 9

	F	I	N	I	S	H	E	S					
		S		O	E	F	I	W	E	S	U	O	H
I			I		I	M	I	N	U	T	E	S	T
N				S		T	A	H					
T	T				I		A	N	G				
E	H	S	I	F	Y	A	R	C	M	E	U		
N	S		E				C	D	A	R	O		
T	Y	A		N	Y	L	L	U	F	E	L	O	D
I		R	R		W			D			K	C	F
O		N	A	E	T	O	D	C	E	N	A	C	E
N			A	N	M	H	R			R		A	D
A			B	E	I	G	B			U			J
L				O	L	H	I	E	V	I	T	O	V
L					B	P	C	N				U	
Y		S	D	N	A	L	S	I		K			S

Puzzle # 10
ASSORTED WORDS 10

H	G					C	S	L	E	S	N	I	T
	E	N			Y	S	N	O	G	A	R	A	P	N
	R	L	I	C	L		N				R	F	I
		E	L	P	A	R	D				U	E	N
		V	H	P	L	U					B	C	S
	I			I	O	O	I	C			B	T	T
S		M			A	L	T	L			E	I	I
D	E	P	P	I	H	W	E	S	R	O	H	R	O	G
	A	L		E	D	S	Y	R	K			I	U	A
		H	G		N	L	B	E	O	C		E	S	T
S			I	N		I	I	M	L	A	A	R	L	I
	A			J	I		T	N	O	L	S	B	Y	N
	R				T		E	G	T	O	T		G
		U		Y	L	L	A	N	O	S	R	E	P
S	E	T	A	R	I	P	S	A	T			T	D

Puzzle # 11
ASSORTED WORDS 11

	Y			B		I	N	T	E	R	F	E	R	E
		L		R	Y	L	B	A	T	A	E	P	E	R
	D		L	O	B	L	I	T	E	R	A	T	E	F
B	E	D	R	A	G	G	L	I	N	G				R
	R		D	C	O	R	U	M	B	L	E	D	E
I	I	S	S	N	E	I	C	I		P			Q
N	S		E	E	A	T	R	C	Z		I		U
T	I	L		S	I	R	A	O	U	Z		S		E
E	O		A	S	O	R	C	L	G	P	L		H	N
R	N			G		O	E	I	A	E	Y	Y		T
V	W	A	L	K	E	D	M	H	S	C	T	I		I
I				R		A	S	S	S	A	N	N
E		D	E	G	N	U	L	P	V	I	U	E	C	G
W			C	I	E	L	C	U	N			F	S	E
S	S	R	E	T	E	M	O	N	A	V	L	A	G	D

Puzzle # 12
ASSORTED WORDS 12

V			G	S		P	O	P	U	L	A	C	E
M	I			N	E	Y							P
P	U	T			I	A	F	R	E	I	D	E	E	R
E	P	F	A			R	R	F	F				R
T	R	O	F	L	S	S	U	E	U	F			M
T	O	R		I	S	E	C	J	D	L	U		U
I	L	E	E		N	E	S	A	N		F	B	T
F	I	C	L	D		G	I	O	L	O			E
O	X	L		A	N	B	A	R	R	A	C	K	S	R
G	I	O		T	N	E	G	R	U	U	W
G	T	S			D	I	C	U	L	B	E	A
E	Y	I				G	S				N	G
R		N					I	E					S
		G	N	I	R	A	O	R	R	D
		E	R	R	E	T	R	A	P	O

Puzzle # 13
ASSORTED WORDS 13

Puzzle # 14
ASSORTED WORDS 14

Puzzle # 15
ASSORTED WORDS 15

Puzzle # 16
ASSORTED WORDS 16

Puzzle # 17
ASSORTED WORDS 17

S	P	A	S	M	S	T	S	E	I	P	O	O	L	
	D			S	G	N	I	D	I	S			O	
	D	E	D	U	C	I	N	G				L		
		N	E	S	E	D	I	C	I	B	R	E	H	
T	A	N		E	M			G			U		A	A
S	S	P	E		T	O			N		L		N	G
	I	E	P	G		R	T	T		I	K		D	G
N		T	D	R	O	B	A	S	E	L	Y		E	A
P	O	C	I	L	A	C	E	E	U	C		S	R	R
	E	F		R	O	I	Y	M	H	C	N		U	D
	N	F		T	C	S	L	P	S	C	A			B
		D	I		S		E	G	A	I	A	L		
	S	L	A	E	H	W	A		S		T	D		
			N	C		G				H				
		Y	L	E	T	A	R	A	P	E	S	Y		

Puzzle # 18
ASSORTED WORDS 18

E						G	T	N	E	M	A	M	R	A
	T				R	O	R	P	H	A	N	S		S
E		I	G	R	I	E	V	O	U	S			N	Y
P		R	N			H		O				A	P	
I		C	Y	A			P		V			M	H	
L		A	P	M		R	A		E		E	O		
O			P		E		A	R		D	S	N		
G	S	R	E	E	D	A	L	L	A	B	G		A	E
U		S	N	O	B	B	I	E	R	E	O	K	D	
I		H	C	N	I	L	C	S		D	E			
N	O	I	S	U	F	N	I		Y		S		S	G
G	F	R	I	G	H	T	S	N	O	N	N	A	C	
		S	N	A	I	C	I	T	E	I	D			
Y	R	E	C	A	R	T	N	E	M	S	E	N	I	L
I	N	T	R	I	N	S	I	C						

Puzzle # 19
ASSORTED WORDS 19

	G	P	O	L	I	T	I	C	O			R		
R		N	Y	L	L	U	F	T	H	G	I	L	E	D
	E		I		S	E	K				R			
	E	T		H		E	H	C			O			
E	A	T	S	R	G		D	C	A		U			
	L	V	A	A	E	I	R		A	O	W		T	
	F	C	I	B	M	I	E	O	B	K	L	H	E	
P	L		A	A	A	K	T	V	I		C	C	T	P
L	A		R	T		S	T	N	R		O		R	
A	W			I	R		A	E	I		C	O		
N	L			M	I		T	R		T		T		
T	E	N	T	A	C	L	E	X	S		P		N	E
E	S			S	E	E	S	N	E	C	I	L		A
R	S			G	R	O	T	E	S	Q	U	E	N	
S		O	R	T	H	O	G	R	A	P	H	I	E	S

Puzzle # 20
ASSORTED WORDS 20

G	N	I	G	I	L	B	O	S	I	D			E	
			D	E	V	I	E	C	N	O	C		N	
			B	D	E	D	R	A	G	E	R	T		
S		M	A	R	K	C	U	B				A		
C	R	S	N	O	I	T	C	E	L	F	N	I	N	
O	E	S	K	Y	L	P	E	E	T	S	G			
L	N	K	G	E	S	L						L		
I	E	S	C	N	N	L	A	N	G	U	A	G	E	
R	V	M	U	A	I	I	E	V				M		
E	S	U	L	H	T	L	B	R				E		
L	V	H	S	T	W	C	T	A	A			N		
O	O	T	E	A	H	I	R	L	L			T		
N	Y	Y	R	N	S	D	U	E						
G	A	M	C	U	D	O	R							
	G	N	I	L	L	A	I	D	Y	B	A	C		

Puzzle # 21
ASSORTED WORDS 21

							H	I	G	H	E	S	T	
			C	O	V	E	R	H	E	A	R	D		B
		H	O	R	S	E	P	L	A	Y			D	U
			N		S	O	S	I	V	O	R	P	E	G
M	E	N	T	O	M	B	I	N	G				A	L
U	F	R	I	L	L	I	E	S	T				L	E
R	D	E	N	O	M	I	N	A	T	I	N	G	E	R
D	L		E					Y					R	E
E		A	N			A	N	O	R	A	K	S	S	J
R			T	C	O	M	F	I	E	R			H	O
O			A	C		S	T	E	P	P	E	S	I	I
U	D	E	L	I	A	N	B	O	H			H	P	N
S	D	I	S	B	U	R	S	E	M	E	N	T	C	I
L						F								N
Y				G	R	E	E	D	I	E	S	T		G

Puzzle # 22
ASSORTED WORDS 22

G				S	S	P	O	R	C	H				
G	N			L	T	N	S	Y	S	N	E	E	T	
G	N	I	N	R	A	E	O	G	R	U	M	P	U	S
		I	L	S	U	C	U	I	N					
	E		Y	I	E	T	I	Q	T	I				
	A	T		F	V	I	P	R	U	P	G			
D	R	E	A	R	I	E	R	M	O	O	U	G		
S	R	A		R		T	R	E	O	T	B	R	U	
	E	R	D		A		R		N	R	A		R	M
	S	I	S	E		L		O		I	P	R		I
	T	E	R	E	L		I		M	H	F	M	O	
	S	S		O	I	I		H		A		E	I	
		T			M	L	O		X	D			R	
						R	L	T	N	E	G	A	E	R
						A	A		D					

Puzzle # 23
ASSORTED WORDS 23

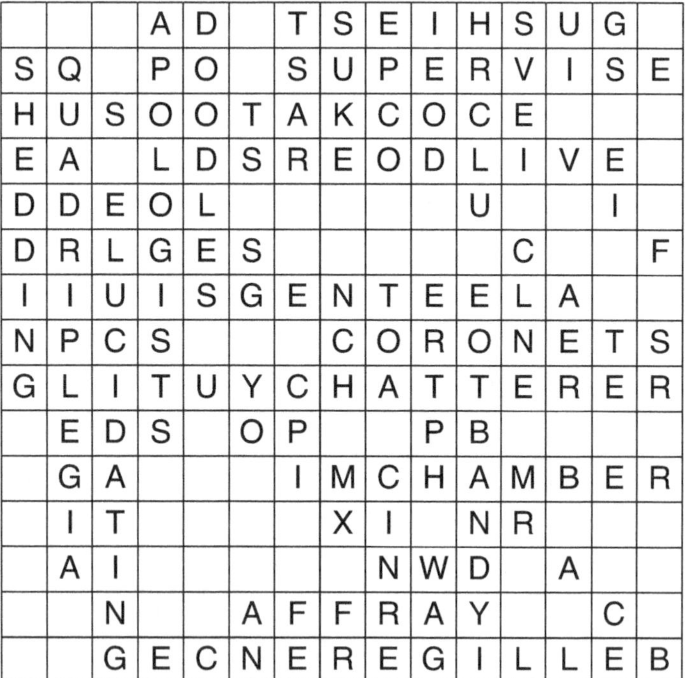

			A	D		T	S	E	I	H	S	U	G	
S	Q		P	O		S	U	P	E	R	V	I	S	E
H	U	S	O	O	T	A	K	C	O	C	E			
E	A		L	D	S	R	E	O	D	L	I	V	E	
D	D	E	O	L						U			I	
D	R	L	G	E	S						C			F
I	I	U	I	S	G	E	N	T	E	E	L	A		
N	P	C	S				C	O	R	O	N	E	T	S
G	L	I	T	U	Y	C	H	A	T	T	E	R	E	R
	E	D	S			O	P			P	B			
	G	A				I	M	C	H	A	M	B	E	R
	I	T					X	I			N	R		
	A	I					N	W	D			A		
		N			A	F	F	R	A	Y			C	
		G	E	C	N	E	R	E	G	I	L	L	E	B

Puzzle # 24
ASSORTED WORDS 24

	C		S		Y	S	S	P	U	F	F	E	D	
G	A		D	E		N	E	R						
	N			L	U		O	T	E					
O	D	I			U	Q		H	A	L				
V	E	E	Y			O	S	H	P	O	L			
E	L		T	T		F	W	E		O	H	U		I
R	A	E		I	P	A		R	L		C	C	P	N
S	B	S	C		K	M		R	W	R		A	N	C
P	R		L	N	Y	I	E	I	A	M	U		C	I
I	U			A	A	S		N	L	I		B		D
L	M				T	H	S	G	K	M				E
L						O	C	O	S	I				N
D	E	R	E	T	E	M	T		L	N				T
	S	E	R	I	A	N	N	O	I	G	E	L		A
P	E	R	I	O	D	O	N	T	A	L	E	B	I	L

Puzzle # 25
ASSORTED WORDS 25

```
U     S A D E L L E H S
N   E G   N I
R S   L N Y E N D
  E   N   B I A E A E
  P     O   A T J T M P
  E       I   C P N F O M
S A S G K L R   I U I I R I
M T S R N E A A M L R P F Y P
O A S K E I Y I L A P K O   P
U B S I C K D S R C G P N P
L L   T T A O A T E   L A A
D E     O F J M F O T   A N B
E C O B B L E R S   N R   M I
R         F L A I M E A N A
          E C I T C A R P
```

Puzzle # 26
ASSORTED WORDS 26

```
S E Z I C I T I L O P E D
C         I M P R O V E S
S O   S L A T N E M A D N U F
  T C         S R O R R O H
  N K     G N I T N U P     G
M S   I S D E C A N T E R   E
I U     O U S       U       N
N B H E R N C S     M     S E
E C E B R E A K A B L E M C R
R U E     U K D E P       O I
A L H       S C E R M     O C
L T A       S A U S O     P
O U W         I R R   C S
G R E T R E A D S F C T
Y E D I N V E S T I T U R E S
```

Puzzle # 27
ASSORTED WORDS 27

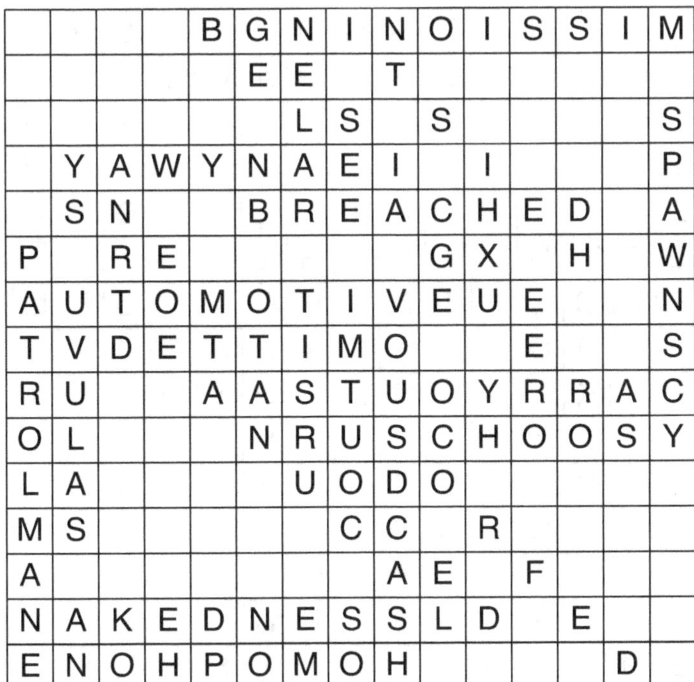

```
      B G N I N O I S S I M
        E E   T
        L S   S         S
  Y A W Y N A E I   I     P
  S N   B R E A C H E D   A
P   R E         G X   H   W
A U T O M O T I V E U E   N
T V D E T T I M O     E   S
R U   A A S T U O Y R R A C
O L   N R U S C H O O S Y
L A   U O D O
M S     C C   R
A         A E   F
N A K E D N E S S L D   E
E N O H P O M O H       D
```

Puzzle # 28
ASSORTED WORDS 28

```
S E S P A H R E P     D
  H U N D R E D T H   I
  H A I R D R E S S E R S
Y       L E A K A G E H
  S   B S D N U O R G R I A F
  E   E N H A N C E S D R
  F O J E L L I E S   E M
  E   P   F O D A N R O T
  S D A C H S H U N D S N
S E T I U Q E R T D E G N I Z
  I S E C N A N E T N U O C
  V     D E N W A R P U
H S I N I W S       K   S
F U T I L E L Y S U P P I N G
  Y S T N E L L E P O R P
```

Puzzle # 29
ASSORTED WORDS 29

```
M D E K C I L U A R D Y H L
  S P I H W E S R O H     E P
Y T I R A L I M I S S I D A R
    E N G I N E S         C E
N G   N O I T C E S S I D H S
O   N G N I R E T T I B M E S
M T A I   E T         E   S U
I V I P L S G A       N   S R
N   I P R L R I E     D   I I
E     C E I O E L R     U   N N
E       E R C P M B C I   G G
S         D C O S M O N A U T
A T N E G A M E T     I G   L
T O H S N O O M D S     L   A
E D I C I T N A F N I     G R
```

Puzzle # 30
ASSORTED WORDS 30

```
    G S S E N E S U T B O I
    O E S G S             N
    O   S S N O           T
    D   E T E I T         E
    W   V A N K S         R
T   D I Y G D A T N C E   R
S N R L S R N R W I E I R O
H E L S T E I A O O E P P G
H   A C   P C W T W R N K A
A S M D E   R E E E N C   T
L K S   O D   E L R N W I O
E U   D   W N   W E B O O M R
R N   E   S I   T S   Y D Y
  K   S N O I T A L U C L A C
  S       C R E T S Y H S B
```

Puzzle # 31
ASSORTED WORDS 31

```
      S H R I N K A G E P
    R O U G H H O U S E D R
A O W I D E S P R E A D O   O
H S U F O R E W E N T   T A S
E S S T     C T   P     E R C
U L N E L   Y I A   P   C B I
R   B E R I K L X N   Y T O L
I R   I G T V U E E E   S R L
S E     C O I E D S R I   E A
T V       U H V D Z N O L T T
I E       D T E   U E N A E
C L     C L E A N   S T A D
  L   L I Q U I D P E     N
  E H E A R T B E A T S     I
  R H O D I U M U N B O S O M
```

Puzzle # 32
ASSORTED WORDS 32

```
    G   P S N O I T A L B O
  M   N S E O D A C O V A F
S   U C I R R       E   U
T   S T H N E I       R   N
E C   W I U I T L     D   D
E C W H   I L R H T     I D A
P U O L A T N A C C I   C E M
L   R C   I   G T H A F T I E
E   K   K   R D E E Y M   G N
J   E     S D E E R G A   N T
A   R     C   D H S   R E A
C   S S L A C O V   C     D L
K E T A C I D E M       T   L
S S T S I T T E R B I L E   Y
S Q U I N T E V I T S E R F
```

Puzzle # 33
ASSORTED WORDS 33

Puzzle # 34
ASSORTED WORDS 34

Puzzle # 35
ASSORTED WORDS 35

Puzzle # 36
ASSORTED WORDS 36

Puzzle # 37
ASSORTED WORDS 37

Puzzle # 38
ASSORTED WORDS 38

Puzzle # 39
ASSORTED WORDS 39

Puzzle # 40
ASSORTED WORDS 40

Puzzle # 41
ASSORTED WORDS 41

			S	T	S	I	O	F						P
	E	G	R	O	G	S	I	D						I
		T	N	E	M	E	C	A	L	P	M	E	E	R
			L			F	I							R
P	A	R	F	A	I	T		L	L					C
	S	E	R	U	T	C	E	T	I	H	C	R	A	I
			E			K				C	T			N
L	I	Z	A	R	D				I			K	A	G
G			V	M	O	D	E	R	N	I	Z	E	E	S
P	A		E			G	N	I	G	D	U	R	D	
R		U	S			F	L	U	K	I	E	R	S	
I	D	E	D	U	L	C	X	E	P	L	I	A	N	T
Z			R	Y	D	E	N	G	I	L	A	N	O	N
E		W	O	B	S	S	O	R	C					
S			P	G	N	I	S	O	L	C	E	R	O	F

Puzzle # 42
ASSORTED WORDS 42

S					B	A	S	T	I	R	E	T	E	R	P
B	S				E	R	S	R	O	Y	E	V	R	U	P
A		E		T			U	C	A						
I	D		N	W	S	S	S	E	P				A		
L	P	A		I		U	R	H	R	S		T			
S	O	N	P	X	G		B	E		T	D	E			
P	I	T		T	I	G		L	S		A	L			
U	N	I			E	L	O		I	U			I	E	
G	T	C			D	L	S		M	O	E	N	F		
I	I	L	V	I	S	A	G	E	S	D	A	R	G	S	
L	E	I	T	I	R	E	D		G			T	A		
I	R	M	F	F	U	T	S				I			E	C
S	L	A	N	O	G	A	T	N	E	P	B			S	
M		X	P	E	R	I	P	H	E	R	A	L	S		
			N	A	M	T	N	A	H	C	R	E	M		

Puzzle # 43
ASSORTED WORDS 43

S	E	I	B	U	R	D							P
S	G				D	E	K	C	A	N	K		U
T	R	N			C	R	O	T	C	H	E	S	T
	N	O	I	T	C	I	D	D	A				T
E		E	T	R		S			M	N		D	E
O	S		M	A	B	A	N	R	M	E		U	R
V	D	N	E	R	M	G	P	A	E		I	P	S
E	O	S	E	R	A	I	N	P	T	L			L
R	S		E	C	U	B	N	I	E	N	E	E	A
A	A	O		U	N	S	E	A	R	T	U	U	X
C	G		P		Q	I	A	D		E	I	S	R
T	E		X		O		E			P	Z		C
S	S			S	E	O	T	A	M	O	T	P	E
				E	V	I	T	A	G	E	N	I	R
R	E	S	P	E	C	T	I	V	E	L	Y		K

Puzzle # 44
ASSORTED WORDS 44

		D	E	T	A	R	E	T	I	L	B	O			H
				Y		S	T	O	R	I	E	S	O		O
S			D			T	N	U	H	N	A	M	M		R
	E		S	E	G		I							A	S
	C	R	C	S	R	N		D						C	E
O	O		O	O	E	E	I		I					K	F
B	V	X		L	N	N	M	T		F	U	N	N	E	L
J	E	Y	O		P	C	I	M	S		Q			D	Y
E	R		R	B	Y	X	I	H	I	E		I			
C	A	W	F	U	L	N	E	S	S	L	V			L	T
T	L				N	O	R		E	A	G	N			H
I	L				E	O	O			N	L			I	R
N	S				P	T	C			E	F				O
G				G	N	I	V	A	H			S			W
				O	R	A	T	O	R	I	O	S			N

Puzzle # 45
ASSORTED WORDS 45

Puzzle # 46
ASSORTED WORDS 46

Puzzle # 47
ASSORTED WORDS 47

Puzzle # 48
ASSORTED WORDS 48

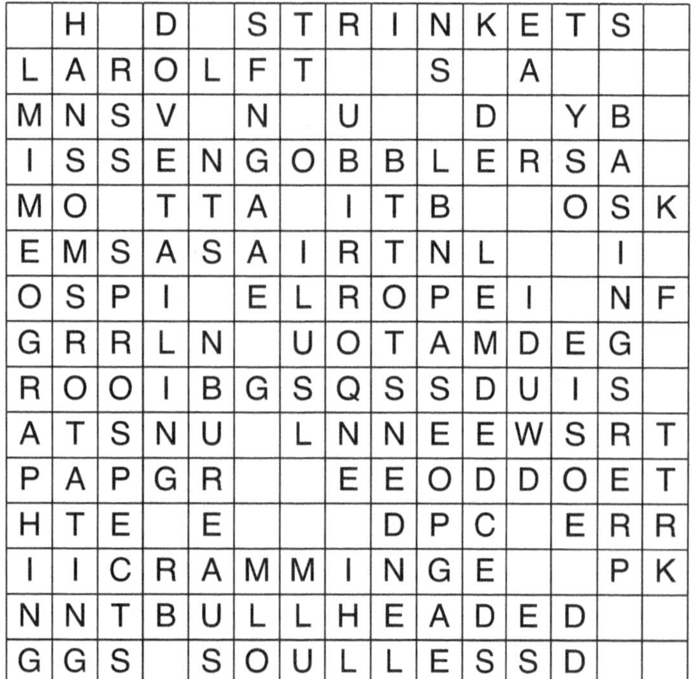

Puzzle # 49
ASSORTED WORDS 49

Puzzle # 50
ASSORTED WORDS 50

Puzzle # 51
ASSORTED WORDS 51

Puzzle # 52
ASSORTED WORDS 52

Puzzle # 53
ASSORTED WORDS 53

```
G     S T S I L Y T S R I A H
C N S E H C A Y L L E B C R
I D I E C A R P E N T E R E D
R I E T P E R C E I V E A Q P
C N I T N I   E           N U E
U V N S S A S   T       K E D
M O S L   I H T   Y     E S A
V C O O G   L C L   P   S T G
E A U P R     K N E   E T I O
N T C P E E V E C E S   D N G
T I I I A M P U T A T I N G I
S O A E T S E G N E L L A H C
  N N R L           B
  S T   Y   H A M P E R I N G
  E M B E Z Z L E M E N T
```

Puzzle # 54
ASSORTED WORDS 54

```
          Y L D N U C O J
S G N I N I G A M I O
  R   S D E   N Y L O N S     P
    O   E   T P   D P         R
S     M M I     O O A E O N S U
S E R S U   L D R T R S       N
I E S E R R   L O W A   U     E
N   N O L E W G I P T B   M D
T   D I L E T O N B E S L   A
E B   E H C T A R I S Y O E
R   E   P S E S W R F     H S
F   E   R T R O D O F       G
E     C   A U O H A M A
R       H   W O F   E O T
E M U I R A T E N A L P H T S
```

Puzzle # 55
ASSORTED WORDS 55

```
I M P O V E R I S H E D
      C     B   Y   S
T     O     O S   A K     V
W     N     T   T   R L   A
I     S     T     S   R A C
R     T     L E C N E D A C
L   S E I F I T O N   H   I
I M P E R S O N A T I O N C N
N D C O N S I G N S       E
G   I   A   E Z I R E V L U P
    V T     H L U R K I N G
C O P Y I N G   S
    O N       A
    N   E     G
        E S C A P I N G
```

Puzzle # 56
ASSORTED WORDS 56

```
        S C     D
M I T I G A T I O N R
E N   M A I N S A     I
X   A       I L     E
T S E I G R E L C G U     W
E   P V G   D     O M
R   A C U R T E S T L R
M   R K   L I N K     O O
I   A   C   I P E C     C F
N   M     I   D I D I     E
A T H E I S T S   E N I R
T   C       R   T G C T
E G N I R R E F N I   N   N
S   U Y L L A U S A C A     I
  M   H A R A N G U E D
```

Puzzle # 57
ASSORTED WORDS 57

Puzzle # 58
ASSORTED WORDS 58

Puzzle # 59
ASSORTED WORDS 59

Puzzle # 60
ASSORTED WORDS 60

Puzzle # 61
ASSORTED WORDS 61

```
T   T N E L O I V N O N
C O S H O R T E N S
O C R E S C E N D O S
L B M       A I A G         W
L   E E N   U L D N       A G
A     L N O   S L N O     L A
B R   C T I T T   A I O M K I
O P T P I N E Y R   T H F E N
R A T F I T E V L A V I B R S
A P   S U H A S E G C T V S A
T E     E L S M E R N W   E Y
I R       Y L G G R   I     I
O I       R Y A A   T K   N
N N         P     L R S   O G
  G S E R E N E S T F P     J
```

Puzzle # 62
ASSORTED WORDS 62

```
        C     S   D
        L E     C   E
    A   E S T     I   L
    G N   F   T U     T   I
I   G   T T     U P   C O E F
D T R S L I V A C N M H   X
Y I A     N C       K O   T E
A R V L   G   I     W C E E
D U A I I     P     D   M L
E N T N D C H A R A D E S P E
L   E H I E V E N S T R   O G
D     I O M N       E   R I
E     F R U D       D D E E
R           L S T E E H S S
S     E X P L A N A T I O N
```

Puzzle # 63
ASSORTED WORDS 63

```
D     A       G
S E   C I B O H P O M O H
E N T R A P M E N T L   C
    I E F A M I N E   I I   I
Y     A K A T S I M I T P O N
H O D G T C I S M     H E A
R O B E L R U T Y A     E   U
L A S S T A E B H N E   R   G
A   W P U U C P R L C S I   U
N   H I B L I P E E S N   R
D     I T   L T A J S G I A
F       D A   O C   O S   T
I       E B   P A   I   E
L H O U S E H O L D E R S N S
L A T H E R I N G E     P   S
```

Puzzle # 64
ASSORTED WORDS 64

```
    F   P O L I C I E S D
M     L     H O M I L I E S H
E M     U   S       P B H Y
R O     S O   T     R I O D
M T     S E R   I     O L T R
A I S S O T T E S L A F I H A
I L R E   R C A S   F I T E U
D E   E I   N I C C   T A A L
  S     P K B E L A E E T D I
        E L   R E L D I E C
          A A   Y R P O D K
          H T H     E N N I
P H O N E T I C S C     D E N
A L K A L I N I T Y     S G
        G N I C E I P S
```

Puzzle # 65
ASSORTED WORDS 65

H	M	P	E	R	V	E	R	S	E	N	E	S	S	G
S	P	U			S	C	A	M	P	E	R	E	D	O
N	S	A	T	S	E	I	D	L	O	M				D
A	H		R	A	J	A	R	A	H	A	M			F
T	A	S		G	R	S	S	E	L	M	A	E	S	O
C	N	C		O	E	X	U	L	T	E	D			R
H	G	A		R	E	D	U	C	T	I	O	N	S	
E	H	R		H		B	D	I				S		A
S	A	L		O	R		I	S			H		K
	I	E			O	Y	S	P	E	L	I	P	E
		T		G	E				D	N		N
G	N	I	O	S	S	A	L	Y			G		
				N	R	U	H	C		L		
C	O	M	P	E	N	S	A	T	E	D		E	
	N	E	U	R	O	T	I	C	S			

Puzzle # 66
ASSORTED WORDS 66

			N	O	N	D	R	I	N	K	E	R	
S				L	U	N	C	H	R	O	O	M
T	L			R	O	T	A	B	U	C	N	I
O		U	N	O	I	T	A	U	T	E	P	R	E	P
D		F		N	O	I	T	A	T	S	T	U	O
G	B	A		D	E	Z	I	T	I	R	O	I	R	P
I	W	L	S	T	E	H	S	E	R	F
E	A	E	A		E	G	N	I	F	E	E	R	J
S	D	R	O	C	C	A	N	W	O	H	S		O
T	I	T		K	R	E	I	D	N	A	S		G
E	N		R	U	B	I	E	D			G
S	E		P	A	R	T	E	R	I	F	L
	S	Y	T	I	C	I	L	E	F	N	I		I
	S		R	E	D	L	O	S			N
E	Z	I	L	I	B	A	T	S	E	D		G

Puzzle # 67
ASSORTED WORDS 67

	S		B	D	E	T	S	U	L		R
	P	S	D	E	I	L	P	P	A		O
M	A	C		G	E	N	I	E		I	P
U	T	A	S	R	E	G	E	I	S	E	B	S	I
T	I	L	U	G			R		T	Q
I	A	A	D	N	D		A		E	U
N	L	R	D	G		I	N		D	R	A
I		S	E		P	U		E	N
E		S	G	N	I	T	O	S	O	E	R	C
S	I	T	I	V	I	G	N	I	G	O		P	S	Y
S	E	I	T	I	M	R	O	F	E	D	R
M	I	L	L	I	O	N	S	B		D
	S	E	C	N	E	G	R	U	S	N	I
	E	R	Y	T	H	R	O	C	Y	T	E
B	A	R	B	E	R	S	U	L	L	A	H	P

Puzzle # 68
ASSORTED WORDS 68

S	S	E	N	S	U	O	I	R	E	P	M	I
G	R	O	W	T	H	S	S	L	A	E	S	N	U
	E	B	P	S		G	U				P
	H		K	L	O	I	B	N	O		O
J	I	B	E	S	I	O	O	G	I	I	E	O
	P		R	C	L	C	L	G	N	N	T	P
T	A		E		H	K	S	U	A	I	U	E
O	C		M	B		T	H	Y	R	R	P	D
Y	I	E	I	E	D	Y		A	O	L	D	Y	O
L	S		S	T	N	I	R	P	E	U	L	B
E	E		E	C	N		D	S	O
T	T	S	R		A	G			E	D
R	T	L	Y		C		S
Y	E		A	G	R	I	M	I	N	G
	R		F	O	U	T	W	E	A	R	S

Puzzle # 69
ASSORTED WORDS 69

```
D G     Y Z Z U C S   S
  I N B A R R E L S     I T H
A N S I   M I   E     G E A
R N O E L E P N A     N E C L
A   O O M O V L T     I N K I
B     M C B H I I E   F A S N
E       A O O N T T R Y G A E
S       D C D O I U I E W M
Q   C     S   Y T N D M S A
U M E M E N T O S   T I E   N
E Z I T E B A H P L A U F
    L N A M S D R A U G B E
G N I T A I R P O R P X E   D
C O N T E N D E D
    G A O L S   I N Q U I R E
```

Puzzle # 70
ASSORTED WORDS 70

```
      N     Y R K C I M M I G
    C R O P P I N G         T
      Y E   C A S     R       A
E S     T V G A I E     A     I
S T R   S I N E R T     T     L
T E I E   A T I D E E C M E O
I M L R K   O I T H T M       R
M A   V T N D T M A C S A     I
A S     E N I E Y I C R I G N
T S     D O H U F R I A W G
I A       G C T C I P D
O C       E   E E D   E
N R G U A R A N T I E D O   D
S E V I T A R O T S E R   C
  G N I W O L L A W S   F
```

Puzzle # 71
ASSORTED WORDS 71

```
    M A S Q U E R A D E S
      Y Y   M N E W C O M E R S
M T   L L   O   P E E K E D
  I N G E B R O O K S     V U
R S N E N V I M R S       I N
S E H I M I I G I G T     L A
D E L A S L Y T E S E O   D R
  E D T L T L R N L T D N O M
    M I S L E A R E   E I E E
      O C U O R T U T   R R D
        T E R W S S H T   S B
      G N I D A N O N N A C
    F R E S C O S   E   I
P O S I T R O N S   S
    E L B A U L A V N I S
```

Puzzle # 72
ASSORTED WORDS 72

```
E   S R O S S E C E D E R P
    L T     S G Y R A B B L E
P G   F S   O N L
D Y   R D E T A C I D E D
    E R C U I L U   K T E
I   D A H G R C C   I I X
R   N M A   E   C H N N I
O   O O I L   C   O   G G F
N   N   C D L   T M E   U I
C A V I A R E E E   E   D R
L   Z     S S N Y R   G
A Y L E U Q S U R B G     L
D   O R D N A N C E   I   I
S   A I N O M U E N P   N N
O F F E N S I V E N E S S G
```

Puzzle # 73
ASSORTED WORDS 73

	Y	L	E	R	U	S	I	E	L						
		Y	L	E	S	U	T	B	O						
G	F	A	N			D	S	U	B	L	I	M	E	R	
	N	I	T	O		R	E	Q	U	I	R	E	D		
		I	S	T	I	S		Y							
G	S		D	H	I	T	C	E	A	R	L	D	O	M	
	N	E			I		I	T	A	O		R		E	R
S	R	I	T		L	N	U	M	P			P		P	E
E	E	E	N	A	R	S	G	D	R	E		R			Q
T		S		V	I	R	E	K			I	O	D	I	U
T	S			S	I	R	C	S	C		N		F	V	I
A		T			I	E	G	E	T	A			I	E	T
B			Y		S	W	A	X	U	B			Z	D	E
L				M				E	H	E	D	D	I	E	D
E					Y				R	C		Y			

Puzzle # 74
ASSORTED WORDS 74

S		G	N	I	H	S	I	R	U	O	L	F		
	T	G	N	D	A	I	N	T	I	E	R			
H		N	N	I		S	E	K	O	M	S	B		
Y	S		E	I	L	G	T				R			
P	L	T		M	Y	I	L	R			I			
H	U	D	E		D	V	A	I	A	H	E	L	P	S
E	C	D	I	C	A	N	V	T	S	K		L		O
N	K		U	R	N	S	A	I	R	T	H	I		L
E	Y	S		E	O	A	S	M	D	U	E	A		I
D		O			T	L	L	E	M		C	N	N	G
		R			H	S	F		T	O		T	S	A
		B	B	L	E	E	P		S	C	L			R
		E	Z	I	R	O	G	E	T	A	C	Y		C
		T		I	N	T	U	I	T	I	O	N		H
O	C	C	L	U	S	I	O	N	S					S

Puzzle # 75
ASSORTED WORDS 75

	Y		C					G	H	C	U	O	T	E	R
		D	A	A	P	S	D	N	E	T	R	O	P		
			N		I	A	D	E	I	S	P	O		I	B
		G	O	A	T	L	N	S	B	L	Y				
N			N		H	N	O	A	E	A	B	A			
S	O		I	I					E	H	C	H	T	B	R
L	N	S	Z		T				T	C	E	C	I	A	B
O	Q	A	E			T	R	F	N	N	A	Y	N	B	B
C		U	I	S				O	A	L	O	A	S	S	G
O			A	D			S	L	L	A	C	L			P
W				S	I			R	B	U	U	S	E		
E					H	R				I		B	N	I	M
E					E	E				A			U	T	D
D	E	F	F	O	C	S	D	M				H		T	S
S						G	N	I	T	R	E	V	N	O	C

Puzzle # 76
ASSORTED WORDS 76

		S	F	O	R	W	A	R	D	N	E	S	S	
F	I	R	R	I	N	G						G		
		E	R	E	N	A	S	C	E	N	T	R	M	
	E		T		G		C					I	A	
E		S		A		G	H					E	C	C
M	D		I		P	B	A	S	E	S	T	V	E	O
B		E		H		I	R	D				A	R	L
E		M	H		C		C	A	Y			N	A	O
L	N		I	S		N	O	I	V	T		C	T	R
L		N		S	I		A	D	T	O	U	E	E	A
I			U		T	R	L	R		R		O	D	T
S				I		Y	E	A	F		A		G	U
H						P	P		S			P		R
E	A	S	T	E	R	L	I	E	S			I		A
D							D					D		S

Puzzle # 77
ASSORTED WORDS 77

```
. . A N O P H E L E S . . . .
R . S M A L D E B . . . . . .
E D D B . T S E R M O N S . .
L I N E . C P . F . . . . . .
I V O R D J H I N E M G N A H
E E I G S I . A R E C . . . .
F R S R . L L . T C E A . . .
T S Y I D T A L . T S R T . .
E I . S V E S R O H E U P E .
R F . T D L R T C C R N . . .
M Y . . A A L E U . O B A . .
I I . . . C . O T E . P O M .
T N . . . B . R U N . . E X .
E G . . S D L O C T E . . . .
S Y L E T A T S . B . . N . .
```

Puzzle # 78
ASSORTED WORDS 78

```
. . . D E F T L Y L A T S O P
C E . . . R A . . . . G K T H
S I C . . S U C . . . R I H A
T . T N . . E S T . . E P I R
A . . R E S G V O I . E P C M
B . . . O R G N I L T D E K A
B F S . . N E N I G C I R E C
I . I A E S E F I V . E O R I
N . S N S E L M V I R . U E .
G . . H G R Z L U A L . . S .
S E G A R T U O N A C P T . .
. . . . A I G O . R . U . . .
R E P R I E V I N G R . I . O
M A L A R K E Y L E . B . C .
. . H E I R L O O M S . . . .
```

Puzzle # 79
ASSORTED WORDS 79

```
. R T . . . Y L L A D Y L L I D
. O U G N I T E L F A E L . .
. D T O F P O T I O N S . . L
S . S I P G I . . . . H C I .
E E I . G I N F . . . I O B .
R X L D . I R A T . C N N R .
P A U O . T C H E . L I J A .
E G L N W . I S . E O N O R .
N E . T A N P Z E . N E I I .
T D . A R S E I D I S N A . .
I . . . T G C E N N S S N . .
N . . . I R A L G R U B . . .
E . G N I S U C O F L S . . .
. R E T S E L O M N . E A . .
. M E C H A N I Z E S . D . .
```

Puzzle # 80
ASSORTED WORDS 80

```
. . S R E Z I G R E N E . . .
. . S G Y L I D W A B . . . .
. C . . Y N K S E L F F A W .
G N O B . A I L . . . . . Q .
. N O M R . J P U P . . F . U
Z S I I M O B E P B I . I . A
E Y A Y T I O R E A . K N . I
A P L Y S R S K I D R . E . L
L R A L A A E S . C . T S D I
O S E U U P T S I . K . S . N
U H . I L F A N E O T I I . G
S A . G E T P A D N H N . . .
L P . A T I . H . E G G . . .
Y E . . C T F . P . . R U . .
G N I K N I H T E R . . . S O
```

Puzzle # 81
ASSORTED WORDS 81

	B				G	M	T						R
D	R	D		S		N	O	A					E
D	I		E		I	R	F						F
	E	S	D	V		T	D	D	T	F			E
D	F	T	T	E	E	T	A	E	E	S	E		R
	E		S	A	T	R	C	E	T	E	L	T	E
	R	T	S	U	N	I	S	E	N	P	D	E	A	N
C		E	E	R	T	S	E	R	I	E		A	T
W	I		K	O	C		O	L	R	L	C		M
A		T		N	H			P	Y	O	E	X	
S			O	S	L	A	S	U	O	R	A	C	D	E
S		G	N	I	G	A	L	F	U	O	M	A	C
A				D	R	U	B	B	I	S	H	Y	
I			I	N	C	I	N	E	R	A	T	E	
L					D	E	H	C	T	A	M		

Puzzle # 82
ASSORTED WORDS 82

Y	L	T	N	E	C	I	F	I	N	G	A	M	
M				C			A	R	E	I	W	O	N	S
I	R	R	E	P	R	E	S	S	I	B	L	E	D
C	P	S	C	H		E	T					C		I
R	L	H	O	O	C	S	E	S	O	M	S	O	C	S
O	U	A	N		M	T	D	P			O	M	J
F	R	M	T			B	E	E	I		R	M	O
I	A	R	R			A	R	T	E	E	O		I
C	L	O	I	G			T	T	I	S	D	N
H	I	C	B		N			A	S	M	E		T
E	Z	K	U	C	H	I	P	M	U	N	K	S		I
S	E		T	E	M	I	G	R	A	N	T	C		N
	D		I				N					A	G
	R	I	N	D	I	N	G		I				B
		G					T	E	S	D	A	E	H

Puzzle # 83
ASSORTED WORDS 83

			S	M	N	O	R	F	F	A	S	
	R		M	D	S	U						R
	O			U	E	E	S	R	E	L	A	E	S	E
	O		E		R	Y	N	S				G	T
E	D			D	D	K	O	E	O			E	E
H	S	S			I	E	I	J	L	P		E	N	N
	T	A	E		Z	T	S	N	N	T		X	E	T
H	R	B	L	Z	G	A	S	E	E	T	C	R	I
	R		I	E	I	S	N	B	O	S		I	A	V
	I		R	B	E	T	H	I	L	R	S	S	L	E
	L	P		I	D	R	N	A	O	E	G	I	I	N
	L	I		O	L	F	E	P	D		N	Z	E
C	O	N	S	O	R	T	I	N	G	E	E	G	E	S
P	R	E	S	A	G	E	S	H			D	R		S
		D			D	E	K	C	O	T	T	U	B

Puzzle # 84
ASSORTED WORDS 84

T	S	E	L	L	U	F	E	R	A	C	
E	T	A	G	I	T	S	E	V	N	I		R
R	P		Z			G	N	I	N	W	A	R	P	I
E	L		A	N	P	O	L	E	S	T	A	R	S	P
D	A		D	D	E	T	T	I	P				P
W	Y		M			D	P	A	S	S	A	B	L	E
O	A	B	I	O	G	R	A	P	H	E	R	S		R
O	C		R				C	H	A	S	E	R	S
D	T		E		P	R	E	A	M	B	L	E	D
	O		R		A	M	O	H	P	M	Y	L	
		G	L	Y	C	O	G	E	N	
		D	I	S	P	O	S	S	E	S	S	I	N	G
G	I	N	G	E	R	S	N	A	P	
		G	N	I	P	U	O	R	G	
E	X	P	O	S	T	U	L	A	T	I	O	N	

Puzzle # 85
ASSORTED WORDS 85

Puzzle # 86
ASSORTED WORDS 86

Puzzle # 87
ASSORTED WORDS 87

Puzzle # 88
ASSORTED WORDS 88

Puzzle # 89
ASSORTED WORDS 89

S		A	N	T	I	C	K	I	N	G				P
	N		A	N	C	I	E	N	T	E	S	T		A
	H	O	O	E	Y		D	E	N	I	L	C	E	R
Q			R	S		T		B						A
U	D	E	S	T	I	N	E	S	A					M
E		S	E				L	R	N					E
E	E	F	F	E	C	T	I	V	E	E	K			T
N	V	C		M	N	S	K	R	Y	X	D	E		E
L	I		N	S	D	O	A	R	E	T	I	I	R	R
I	D			E		E	R	V	O	K	R	N	C	S
E	E					I		P	E	I	W	S	O	G
S	N					C		L	P	O	E	I	P	
T	C					S		A	A	U	R	H	S	
D	E	N	E	H	T	G	N	E	L	N	H	R	I	W
	D					D	I	S	U	S	E	C	S	F

Puzzle # 90
ASSORTED WORDS 90

	T	D				D	M	U	T	I	N	I	E	D	D
D		S	N	R	I	S	E	H	C	T	A	W	S		
I	E		E	U	E	N	S	F							
N	E	K		I	O	K	I	E	E						
T		T	L	I	P	P	A	T	V	I					
E			A	A	C	A	O	M	I	I	R				
R			R	H	E	O	R	W	A	R	B				
M			T	E	C	C	S	P	A	T	D	E			
I			I		V	G	A	N	G	L	I	A	D		D
N				F			E			P					O
G		M	S	I	C	I	S	S	A	L	C				N
L				C		B	A	S	E	N	E	S	S		S
E	A	F	T	E	R	M	A	T	H	A					
S				S	E	R	U	T	R	A	P	E	D		
C	I	H	P	Y	L	G	O	R	E	I	H				

Puzzle # 91
ASSORTED WORDS 91

				S	E	A	R	T	H	W	O	R	K
	D	N	A	B	A	R	T	N	O	C			
I	N	C	H	O	A	T	I	N	G				
D	S	N	W	O	D	K	C	A	R	C			D
G	I		R				H						O
G	N	E	L	E	A	F	I	E	R	C		P	M
D	A	I	H		I			B		M	A	I	E
	U	N	T	T		R		L		W	R	N	X
A	S	M	G	P	R		E	U		R	T	A	P
	L		B	L	M	A		E		I	O	T	E
E	L		F	I	E	P	J	H		G	O	E	L
A		I		O	O	T	A		C	G	K	S	L
Z			V		U	N	Y			L			E
P	E	N	T	A	G	O	N	S			Y		D
S				G	E	O	D	E	S	I	C		

Puzzle # 92
ASSORTED WORDS 92

		D	N	A	C	I	L	P	I	T	L	U	M		
		S	N	O	I	T	A	R	T	E	P	R	E	P	
			N	A	I	T	S	U	F					R	
M			N	O	I	S	S	I	M	O				A	
I	N	C	G	N	I	T	C	E	F	N	I	S	I	D	
L	P	O	P	S	L	T			T				S		R
I	R	N	I	R	S	Y	A	R	G	A			E		A
T	O	C	C	T	A	E	N	L	E		R		D		N
A	T	R	V	A	E	W	N	C	U	K		Y			G
T	R	E	I	C	V	L	N	N	H	T	O			G	I
E	U	T	Z	A		E	P	S	I	E	I	O			N
S	D	I	I	L			R	M		H	D	P	H		G
	E	N	E	Y	Y	R	A	N	O	I	T	U	A	C	
	D	G	R	X	T	H	U	G	S	C				C	
		Q	U	A	D	R	I	P	L	E	G	I	C	S	

Puzzle # 93
ASSORTED WORDS 93

```
S E M O N E G Y X O M M U L
    D D S Z L A S T S E W
I N V O K E E E I O L
N         T T I C P P
S C   S   H A N U A P S
T A C   E G T D A Q R I I
R M   P O   I N H I L E T N D
U   U   S N   K I G U P S S G
C     I D U V E S T I Q P B O
T       P E L O T U A E I U O
O         O N E K I H R   L S
R P H O E B E W   E D   C
S       Y R A M O T S U C
D E T R E S N I E R     R
  S R E H S A M R O F N I E
```

Puzzle # 94
ASSORTED WORDS 94

```
S E Z I S N W O D
D O W N S C A L I N G
I     S O N O N F A T A L
N   S S E L R E E H C     I
F         A V K       V O
O         R E I       E B
M     C   D I H C     L S
E D I S C O E D O M C K   I E
R G   K R I H S W D   Y H R
C R   D       N A   O V
I   E D I S S I N G S   O A
A   M T U R N I P S I D N
L   D E Z I S N W O D Z C
S H Y D R O E L E C T R I C E
      N A I D R A U G   S
```

Puzzle # 95
ASSORTED WORDS 95

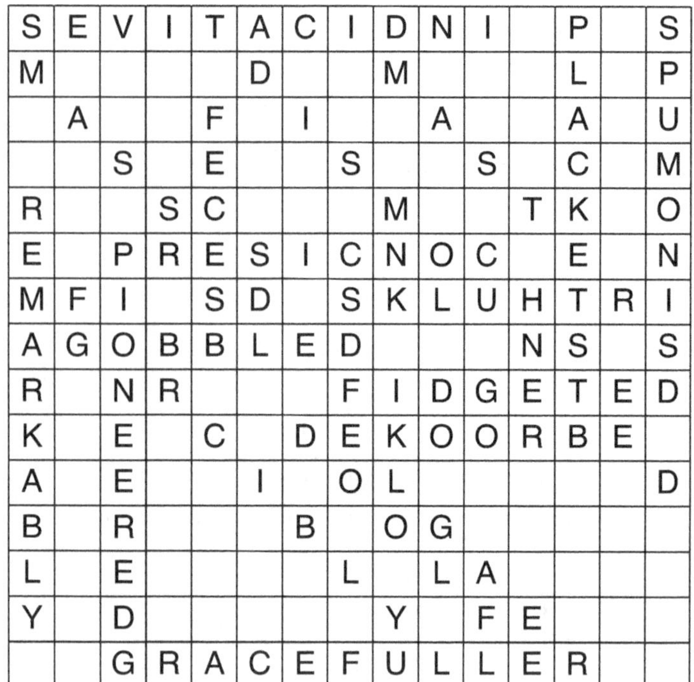

```
S E V I T A C I D N I   P   S
M       D   M       L   P
  A   F I     A     A   U
  S E   S     S   C     M
R   S C     M     T K   O
E P R E S I C N O C   E N
M F I   S D   S K L U H T R I
A G O B B L E D     N S   S
R N R     F I D G E T E D
K E C   D E K O O R B E
A E   I   O L         D
B R   B   O G
L E     L   L A
Y D     Y   F E
  G R A C E F U L L E R
```

Puzzle # 96
ASSORTED WORDS 96

```
        O V E R S H A D O W
W A R T H O G N I L F I T S F
Y S N I F F I N G       C A
L T G   A D   I       R L
  U I N T I E X P I A T E S
R T F C Y I S N R   P   A E
S E N T A R T I O E   A M H
C M M O S C T C S M P   M E O
U P S E I U I S I S U M   D O
F L   R H S R P I R I E A   D
F A   U P R T S M T C N P S
L T   O S E S R E S R P
E E     Y A V I E H N A
D S D I O L A K L A D P C O N
  P U C K I S H B         C
```

Puzzle # 97
ASSORTED WORDS 97

```
    S R E T N E S S I D Z
  N B D   K       G       I U R
S O Y A E   A       N   R P E
  N Y D R L   C         I C R C
  P O R R R I   P B     O I O
  A   I E A I F C U     N G N
  R     T K T E E R C   I H S
S E X Y C C O C R R A   U T I
  I         A O   O   P M S D
  L           F C W     P   E
O B S C E N E R E I       I R
    D E R U T R U N F L U M E D
S S E N E D U R C G E       D
    D E Z O D L L U B
        J U S T I F I E S
```

Puzzle # 98
ASSORTED WORDS 98

```
R B     S S E N I H S A L F
E U   E U T         D
H G I S S R R O     I       H
I   N R H N A O O   S     I U
N   Y I E W E W T F M C   L M
T T   L K T H T A   A L   L I
E   N   E A T A S   N U G U L
R X W E T V H I C I T M A M I
L   H A M I I S J K L P R I A
A   S I R Y M S D   E E B N T
N     E B M A E S N D D L E I
D     D I S P L E A S E S O
          I T     E S H D   N
R A N K L E U O     S B
M A N T L I N G R     S O
```

Puzzle # 99
ASSORTED WORDS 99

```
    S H T I M S E D A S U R C
  C R O C K   S E S R E V E R
  O       M A R T I N E T
  N     P L E A S I N G S
  J     Y     S E F A R T S
  U       L G M   E
  N       I A Y   T
M C O S T I N G K W T   A
U T   S R E V I H S K H   O
D I S L I K E S P O U S I N G
D V S R E T P M O R P H   C
L E       L A I B U N N O C
E S U O L U D N E P
Y L L A T N E D I C N I
S D I O R O E T E M
```

Puzzle # 100
ASSORTED WORDS 100

```
  Y L B A R A P E S N I
M I L D E W S             N
    G     U G N I H S U P   A
    E N   S E O I S W O O P
S   G N I G D U N I N     A
C S D   O T   R R I T D   L
R I   E Y T I   E P P I E M
A S D G L T R D   L S A N E E
M S L R N D I E A   E   R G D
M I   O A I N N D R   D O   I
E E     B G P U U N T   O N
D S       M E P R S U X Z Y K
    C O M P A R A T I V E L Y
S R O M A N E G   H   D S
      I M P E A C H E S
```